賢い子どもは「家」が違う!

10歳までの「教育環境」で自分からやる子に育つ

JN228541

リベラル文庫

はじめに

私は、世間では「カリスマ家庭教師」「音読の先生」などと名が通っていますが、自分では「教育環境設定コンサルタント」と名乗っております。

家庭教師の仕事をしていると、当然子どもの家を訪問し、その家の有り様と親の姿を目の当たりにすることになります。

そして、その仕事を続けると、とどのつまり、どういう家でどのように育てられると「伸びる子ども」に育ちやすいかが、わかるようになってしまうのです。

そこで、教育環境上、明らかによくないと思われるところをアドバイス、助言することになりますが、これが難しい。

家庭のことを言えば、なにせ深くプライベートに関わることですから、人によっては知られたくないこともあれば、わかっていてもどうしようもないこともあります。
中には、「我が家が先生に頼んでいるのは子どもの成績を上げてほしい、ということ。それなのに、関係ない家のことになんかケチつけられたくない」とおっしゃる方もおられ、善意のつもりが冷や汗もの、ということもあります。

そのため、教育相談の事務所を開き、そこで相談や指導も行うようになりました。そして、ご家庭を訪問しての教育環境設定は、先方が強く望まれたときのみ、ということになりました。
しかし、望まれたときの教育環境設定にはかなりの「効果」と「結果」を誇っているつもりです。

最近、受験に成功したお母さんの本や、「受験で成功するかどうかの9割は母親で決まる」といった表題の本が多く出版されていますが、そこには大きな共通点があります。

それは、いずれも教育環境設定に成功している、ということにほかなりません。

親が子どもに学力をつけたいと思う。でも、その根本には、親が家庭でしていることがある。

家庭教師から見れば、子どもが伸びるご家庭は、みな教育環境設定がしっかりしてるご家庭ばかり。

つまり、子どもが伸びるかどうかは、教育環境設定次第だといえるのです。

だったら、それを知らないご家庭に、教育環境設定の仕方をわかりやすく、具体的に解説してさしあげるべき。

こう考えてつくられたのが、この本です。

この本には、家の各部屋に何を置き、何を排除するべきか。

日々の暮らしの中で、どういう家族関係をつくるべきか。

子どもにはどんな習慣をつけさせ、そしてどんな悪癖を断ち切るべきか。

勉強のことを考える前に、どのような本を、そしてどのようなおもちゃを用意するべきか。

そうした、つい見落としてしまいがちなことが、もれなく紹介されています。

どうかこの本を参考にされて、あなた独自の教育環境設定を実行してください。

そして、そのことを通じて、あなた自身が「高まり」を感じることができれば、著者としてこの上なく幸甚《こうじん》です。

もくじ

第2章

賢い子どもは「賢くなる家」に住んでいる

第3章 好奇心がどんどん高まる「本選び」

第4章

子どもの力を伸ばす「遊び」

第5章

やる気を伸ばすのは「家族の力」

第6章

「主体性のある子ども」が勝てる理由

第1章

なってほしいのは「自分でやる子」

「自分でやる子」は幼少期の環境で決まる

◯「自分でやる子」はすべての親の願い

親は、子どもにさまざまな願いを託すものです。

まだ子どもが小さいうちは丈夫に育つよう、健康でいられるようにと、願いはそればかり。そして、成長するにつれて、「美しくなってほしい」から「アタマがよくなってほしい」など、いろいろな願いを託すようになるのです。それでも、**多くの親が共通して子どもに願うことといえば、「将来を自分で切り拓ける子どもになってほしい」**ということではないでしょうか。そのためには、自分でやる力が必要です。

「自分でやる子」にするためには、「のびのび育てることが大切」だと、多くの人が思っていることでしょう。しかし、「のびのび育てる」といっても、一体何をどうしたらいいのかわからない、という人も多いのではないでしょうか。

「のびのび」と「放っておく」は違う

「のびのび育てる」という言葉からは、子どものやりたいことは思い切りやらせ、気が進まないものは強制しない、そんな育て方が浮かんできます。実際、そうした子育てを実践している人も、少なからずいるでしょう。

しかし、これは一歩間違えると「放置」になりかねません。自分のやりたいことだけを、周囲にどう見られようが、どんな迷惑がかかろうがやってしまう。そんな子どもの姿は、「のびのび」でも「やりたいことを実現する」ともいえませんよね。**まわりには、単に「わがまま」と思われてしまうだけです。** のびのび育てたつもりが、まわりを思いやれず言いたい放題、乱暴、ゆずらない子になってしまって、友達ともうまくいかない…。そんな姿を見ると、「うちの子、困った子だわ」と不安になります。

ここ数年で「小1プロブレム」という言葉をよく聞くようになりました。これは、小学校に入学したばかりの新1年生が、イスに座っておとなしく授業を受けることができず、ふらふら歩き回ったり、教室を出て行ったり、あるいは授業中に私語を我慢できないばかりか、奇声をあげてしまう事例が増えているという問題です。

もちろん、これらすべてが「間違ったのびのび子育て」の結果だと断じることは、できません。

しかし、「自分のやりたいことだけをやり、我慢ができない子ども」に育ててしまうと、小1プロブレムを引き起こしかねないことは、皆さんもおわかりのことでしょう。

こういったニュースに、「うちの子も大丈夫だろうか…？」と多くの親が心配しています。でも、心配しすぎることはありません。「のびのび育てつつ、わがままにはならない」ために、最適な育て方があるのです。

◎「のびのび育てる」には、環境が重要

「のびのび育てる」ために重要なのは、「環境」です。

たとえば、テレビしかない部屋の中で、子どもに「好きなことをしなさい」と言ったら、どのようなことが起きるでしょう。

子どもは、1日中テレビばかりを見るようになります。

逆に、色鉛筆やクレヨン、粘土などの創作道具があったり、ボールなどの運動具がある部屋なら、子どもは絵を描いたり、何かをつくったり、体を動かしたりと、文字通り「のびのび」と「自分が好きなこと」をやるようになります。このようにして育った子どもは、自分で考えて動くようになります。そして、やがて自分の力で人生を切り拓いていけるようになるのです。

こんな子どもにしたいと思ったときに、強く意識しておいてほしいことがあります。

それが、**子どもに「何を準備するか」「どんな環境を整えるか」で子どもの将来が変わってくる**ということです。

「自主性」だけを重視すると子どもがダメになる？

◯「自主性に任せて」で、大丈夫？

環境を意識する前に考えていただきたいことがあります。

子どもの生活に「お勉強」というものが入ってくるのは、小学校に入学する前後です。

小学1年生の勉強は、授業に遅れないようにとか、テストでよい点数を取るためにというよりも、「学校から帰って、毎日勉強をする習慣」を身につけるためのはじめの一歩。

子どもにとって勉強は楽しくないし、おもしろくない、退屈なものです。それでも「毎日少しでもやらなければならない」と思い、続けることで、いつしか「めんどくさいけれど」とか「いやだけど」という気持ちが起きる前にやるようになるものです。

しかし、そこまでいくには、親も子も大変な苦労があります。

子どもが学校から帰ったとたん、矢継ぎ早に「宿題は?」「プリント出して」と声をかける苦労は、おそらくすべての母親が通る道といってよいでしょう。遊びたくてうずうずしている子どもに「勉強しなさい」「宿題をやりなさい」と言うのは、親だって気分のいいものではありません。まして、1回で言うことを聞いて教科書とノートを開く子どもは少数です。**次第にイライラして、つい声を上げてしまう。そしてそんな自分がいやになってくる……。多くの母親が通る道です。**そうしたとき、心惹かれるのは「子どもの自主性に任せる」という言葉ではないでしょうか。

人に言われて何かをするのと、自分から進んでやるのとでは、その進み方も効果も段違いだと、多くの人は知っています。どのようなことでも、人から言われるのではなく、自分の意思でやったほうがいいに決まっています。

しかし、本当に自主性に任せるのが正解なのでしょうか。

それを改めて考える必要があります。

◯「自分でやる子」は親が導く

幼い頃から遊び終わったら、おもちゃは自分で片付ける。食後は、自分の食器を流し台に運ぶ。小学校から帰ったら自分からプリントを出し、宿題を始める……。

もしもこうした子どもがいたら、親はどんなに助かるでしょう。おそらく、すべての人が「いい子ね！」と褒めてくれることでしょう。

ところが、こういう例はいかがでしょうか。

「大きな声で挨拶をする」というしつけをします。そうしつけられた子どもは、親に言われなくても自分から大きな声で挨拶をするようになります。しかし、そこには「自分の考え」がありません。条件反射のように、大声で挨拶するだけです。病院や図書館などで「今は大きな声を出すべきではない」と気配を感じ取ったり、「自分も気持ちいいし、皆も笑顔で返してくれるので、朝は大きな声で挨拶しよう」と考えることは、ありません。

勉強でも同じことが言えます。「親に言われる前に宿題をする」ことはとてもよいことです。しかし、「親にガミガミ言われるからやる」が「ガミガミ言われないため、言われる前にやる」になっただけで「勉強がおもしろいからする」「もっと勉強したくなる」にはなっていないのではないでしょうか。もちろん、「宿題を終わらせる」という効果があるのは確かですが。

「誰かに言われなくても、自分から進んでやる」とは、言われたことを何も考えずにするという意味ではありません。自分で考えて動く子どもにするには、子どものやる気が出るように、親が導く必要があるのです。

環境を整えたら子ども自身に決めさせる

「手取り足取り」の落とし穴

のびのび育てるための「環境」づくりをするときに気をつけたいことがあります。

たとえば、遊び。スマートフォンなどの電子ゲームを禁止し、その代わりに「アタマがよくなるおもちゃ」を与えるというのは、教育熱心な親がよくやることです。そうしたとき、実際に親が遊んでみるなどして子どもに遊び方や使い方を教えることは、悪いことではありません。しかし、子どもが親と違った遊び方をしたり、少しもたついたりしたときに「違う、こうやるの」と手を出してしまう人がいます。またはそのおもちゃに飽きてほかの遊びを始めたときに、「こっちで遊びなさい」と強制してしまう。これは多くの親がついやってしまうことだと思います。

「子どもをよく育てたい」、「子どものアタマをよくしたい」と願うあまり、ときとして親は手取り足取り子どもの世話を焼くようになります。それは、場合によっては「過干渉」と表現したくなるくらいです。

こうした親は、当然のごとく勉強にも熱心です。小学校に上がって宿題が出るようになると、「宿題はやったの？」「勉強しなさい」と口うるさく言うようになります。それで子どもが言うことを聞かないと、「勉強するまでおやつはあげない」とか、「お気に入りのおもちゃを壊す」と脅してみたり、「勉強したら、お菓子をあげる」「テストでいい点を取ったら、おもちゃを買ってあげる」など、ご褒美で釣ったりします。

すると、**子どもは「怒られるのがいや」か、「うるさくて面倒」か、「ご褒美が欲しい」のいずれかの理由で、自分から勉強するようになります。**

しかし、これは「やらないとうるさいから」やっているのにすぎません。勉強がおもしろいからとか、興味が湧いてきたから勉強するというふうに、自分の中から生まれてきた「勉強しよう」という気持ちに従っているわけではないのです。これでは、勉強を通じてアタマがよくなる道には進めないことでしょう。

◎「自分で考え、決める」ということ

「親にうるさく言われる前にやろう」とする子どもは、そのうち親の顔色を伺うようになります。すると「自分で考え、自分で決める」という、生きていく上でとても大事な力が育たなくなってしまいます。

ひょっとしたら、「子どもにはまず、勉強する習慣をつけさせるのが大切。自分でいろいろ考えるのは、もっと大きくなってからでよい」と考えている親もいるかもしれません。子どもが自分から勉強するようになることが「成功」だと考えているのでしょう。

しかし、これは子どもを洗脳しているだけ。

「自分で考え、決める」ということは、ある程度の年齢になればできるようになることではありません。

小学校の低学年から猛勉強し、中高一貫の進学校に進んで6年間ひたすら勉強を続け、晴れて東大に入ったとしましょう。ここで「さあ、これからは自分で好きなことをやっていいのよ」と言われても、今まで自分で考えることをしてこなかった子どもは途方に暮れてしまいます。

自分の力で考えるには、「材料」が必要です。幼い頃夢中になって取り組んだことだったり、読んだ本だったり、感動したものだったり、自然環境で体験したことだったりが材料となるのです。それには、幼少期に自分の心の赴くままにいろいろなことをやった経験が欠かせないと思います。

「何をするか」「どんなふうにやるか」を自分で考え、決めること。

それが、子どもには絶対に必要なのです。

「自分で考えて動ける子」は家庭で生まれる

◎「自分で」の力を身につける

子どもは、放っておいても、手や口を出しすぎてもよくありません。だからこそ、子育ては難しいと思います。

誰かに言われなくても、自分から何をするべきかを考えられる。状況を判断し、行動に移すことができる。言われたことをただやるのではなく、やる必要がないこと、人や自分のためにならないと判断したことはやらない。

これこそが、子どもに身につけてほしい「主体性」です。

主体性とは、「何をやるかが決まっていない状況でも、自分で何をするかを考えて実行することができること」をいいます。誰かに「やりなさい」と命じられても、自分で考えた末に「やる必要がない」と判断し、「やらなかった場合のリスクも引き受ける」と覚悟を決めたら、「やらない」と決断する。それが主体性のある行動です。

「いつも親が勉強しろとうるさいので、言われる前にやる」のではなく、「勉強はおもしろい」とか、「自分がやりたいことを実現するためには、高い学力が必要」と思って自分から勉強する子のほうが賢くなるのは間違いありません。

子どもに身につけてほしいのは、「主体性」なのです。

主体性を磨くのは、家庭しかない

では、どうすれば主体性を身につけさせることができるのでしょうか。これは学校で教えてもらえるものではありません。そのための勉強や特別なことをする必要もありません。

主体性は、日々の生活の中で、少しずつ身についていくものなのです。

自分で判断して自分で行動し、その結果を次の行動のために抽象化し続ける習慣。これには、私が常に提唱している「教育環境設定」の理論が必要です。

次の章から、子どもが自分で考え、判断する「主体性」を身につけていくための具体的な教育環境設定の方法をお伝えします。大ナタを振るわなければならないことから、ごく簡単なことまで、さまざまな方法がありますので、取り入れやすいものからぜひ実践してみてください。

きっと子どもだけでなく、親も変わっていくことでしょう。

第2章

賢い子どもは「賢くなる家」に住んでいる

小さな変化が大きな結果を生む「教育環境設定」で賢い子に育つ

勉強ができる子どもは「家」が違う！

「受験のカリスマ」「伝説の家庭教師」。これらは私が本を出したときに、広告などでつけられる肩書きです。受験を控えたお子さんをお持ちの方の心を惹きつけるということでつけているようですが、もちろん、私が自分で名乗っているわけではありません。

20代の頃から家庭教師を生業《なりわい》とし、目も当てられないようなひどい状態（と、親にも教師にも思われてしまっている）子どもに勉強を教え、周囲があっと驚く上級校に合格させてきたことから、こうした呼び名をつけられるのですが、実際の私の肩書きは「教育環境設定コンサルタント」です。

「教育環境設定」とは耳慣れない言葉だと思います。

通常、家庭教師は依頼を受けて子どもの自宅へ行き、だいたい2時間くらい勉強を教え、そして帰っていきます。

そういった経験を積んでいくうちに、おもしろいことがわかってきました。

それは、**「子どもの学力と家庭の環境」に密接なつながりがある**、ということです。

アタマのいい子どもは、アタマのよくなる家で暮らしています。

勉強が伸び悩む子どもは、勉強が伸び悩むような家で暮らしています。

「うちの子は全然勉強しなくて、成績もひどくて……本当にアタマが悪いんです」

だから、なんとかしてください、と泣きつくように依頼してきた家に伺うと、「ああ、これでは勉強ができないはずだ」ということが、たちどころにわかってしまう。

何十人と子どもを教えてきて、たくさんの家にお邪魔している家庭教師なら、家を見れば、「ああ、この家の子どもに勉強を教えるのは大変だな」とわかるはずです。もちろん、何百人もの子どもを教えてきて、何百軒もの家を見てきた私には、家に一歩足を踏み入れた瞬間、さらに言うなら訪問前にお母さんやお父さんとお話ししたときから、「ああ、これは手強いご家庭だ」とわかってしまうのです。

賢い子どもは、「賢くなるような家」に住んでいる。

しかし、それは工夫次第でどんな家でもそうなれるのです。

だとしたら、「勉強が伸び悩む家の、勉強が伸び悩むような家庭」を「賢くなる家、賢くなる家庭」に変えてしまえばいい。子どもをとりまく環境を、教育に最適なものへと「設定」すればいいのです。

それこそが、「教育環境設定」です。

◎誰でも実践できる「教育環境設定」

教育環境設定は、私がそれぞれの家庭と、両親、家族、そして子ども自身を観察し、最適な提案をしていくもので、「○○をしたら、みるみる成績が上がる！」というようにマニュアル化できるものではありません。

また、今流行の「データ」が形成されているわけでもありません。さらに、**親御さん自身が子どもの状態や悩みの本当の原因に気づいていない**ことが、よくあります。家が教育に悪い影響を与えていることに気づいていない親は、それこそ星の数ほどいます。

それらをひとつひとつ観察して問題点をあぶり出していくのが私のやり方ですが、本書ではどなたにでも実践できる「基本の教育環境設定」を提案したいと思います。

今まで「よかれと思っていたこと」や「ごく当たり前にしていたこと」が、勉強が苦手な子どもをつくっていたと気づき、驚くかもしれません。

そのくらいのことで……と思うかもしれませんが、まずは実践してみてください。

きっと、お子さんが変わっていくはずです。

リビング

家族が集まる場所を賢くなる空間に

テレビが子どもの積極性を奪う

家庭教師として家に上がったとき、「ああ、これでは……」と暗い気持ちになるものがあります。

ほとんどの家庭のリビングに置いてある「テレビ」です。

今は、どの家にもテレビがあるのが当たり前、むしろテレビがない家のほうが珍しいという状況になってしまいました。

しかし、私が家庭教師で伺ったお宅の中には、「テレビがない」という家もいくつかありました。**「テレビがない」家庭のお子さんは、ほぼ例外なく全員勉強がよくできて、飲み込みが早く、独創性があった**のです。

反対に、リビングの一番目立つところにテレビがドンと置いてある家、まるでテレビが家の中心であるような家で、お子さんが賢かったという例は、一部の例外を除けばほとんどありません。

中でも最悪なのは、「どんなときでもテレビを消さない」という家です。

私が話しているのにテレビがついている家、「超」をつけたいくらい最悪です。

そうした家では、「テレビはついているのが当たり前」なので、「テレビをつけっぱなしにしている」という意識もないのでしょう。

そんな家では、「見るともなしにテレビを眺めている」ことが当たり前になっているのではないでしょうか。

「とりあえず」テレビをつけ、「少しでもマシな番組」を探してチャンネルを変え、「これだったらまあいいか」という番組に決定する。

そして、ただただ流れてくる「どうでもいい映像と音声」を、何も考えず、何を感じることもなく、受動的に眺めている。

このような家庭環境で、子どものアタマがよくなると思いますか？

はっきり申し上げますが、テレビをつけっぱなしにして平気な家で、賢い子どもが育つはずがありません。

テレビをリビングから撤去する

テレビは、受け手の都合も考えず、一方的に情報を送りつけてくる「メディア」です。

テレビの前で、人は受け身になるしかありません。

もしこれが良質な番組だったら、そこには感情の動きが必ずあるはずです。

きれいなものを見て感動したり、気の毒な世界の情勢を見て心が揺さぶられたり、今まで知らなかった事柄に触れて好奇心がかき立てられる。

そうした番組だけを厳選するなら、テレビを見る意味はあるかもしれません。

しかし、実際はどうでしょう。

今後行くこともないようなラーメン屋の話題や、欲しくもない新製品の性能を金切り声で説明していたり、少しでもテレビに映ろうとする者が他人をかき分けるようにして話していたり。

これらを見る「意味」はどこにあるのか、一度考えてみるべきです。

子どもの頃からこうした映像や音声を一方的に受け続けていては、「自分から何かをする」という主体性が育つはずがないし、勉強ができるようになるはずがありません。

もし、**良質な番組のみ厳選して視聴するというように改めるのなら、テレビを置く場所も変えましょう。**たとえば、リビングから離れたところにある寝室は、テレビを置く場所としておすすめです。

家の中心となるリビングから、テレビを撤去する。

それが、教育環境設定のはじめの一歩なのです。

○リビングの本棚で子どもに調べる習慣がつく

テレビを撤去したら、代わりに置いていただきたいものがあります。

それは、「本」です。

本がぎっしりと詰まった本棚をリビングに置きましょう、というわけではありません。ちょっとした棚などに、今週家族のそれぞれが読む本を置くだけでもよいのです。

いつでも本が手に取れる環境、そして常に家族の誰かが本を読んでいる環境。これは賢い子どもを育てるための、最も効果的で早い方法です。

棚に数冊の本を置いておくと、今、誰がどの本を読んでいるかがすぐにわかります。すると、たとえば母親が読んでいる小説や、父親が読んでいるビジネス書に、子どもが興味を持つようになります。

「それってどういう本?」「どんなところがおもしろいの?」など、会話がひろがるきっかけになるのです。

子どもがまだ幼いなら、子どもが手に取って自分で楽しむためと、親が読み聞かせをするための2種類の本を用意しておくとよいでしょう。

また、写真やイラストがきれいな図鑑をリビングに置いておくのもおすすめです。そうすれば、新聞で話題になっていること（たとえば宇宙、動物、植物など）について、自分で図鑑を調べるくせを無理なくつけることができるのです。わからないことがあったら専門書で調べるという習慣は、上位の学校に行くほど必要な学習方法になります。**子どもの頃から無理なく知識や自分から学ぶ習慣を身につけさせるために、リビングに図鑑を置いておくことはとても効果的なのです。**


同様に、地図を置いておくのもよい考えでしょう。

ニュースで話題になっている国がどこにあるのか、地形的にどのようなところなのか、地図があればたちどころに知ることができるからです。

あるいは、次の家族旅行の行き先を決めるための日本地図を置いておくのもいいでしょう。旅行の計画を立てながら、地理を教えることができます。

リビング

リビングルームに子どものスペースを

「自分の場所」を与えると、責任感が育つ

私は小学校に入学する前の子どもは、基本的に自分の部屋がなくても問題がないと思っています。しかし、遊ぶときや絵を描くとき、手紙を書いたり本を読んだりするとき、「自分専用の場所」は欲しいものです。

「自分専用の場所」とは、いわば「基地」や「城」のようなもの。たとえバスタオル大くらいのスペースでも、「ここはあなたの場所」と認めてもらい、どれだけ散らかしてもいい、自由にしてもいいと言われることは、子どもの自尊心をくすぐります。

その上で、**「自分の場所だから、使い終わったらきちんと片付けなければならない」というルールを決める**ことも重要です。そうすることで、自由に遊んだ後はきちんと片付けるというしつけができます。親も散らかる範囲が限られるため、ストレスを減らすことができます。

自分のスペースは子どもの個性に合わせて

子ども専用のスペースは、どのようなものでも構いません。リビングの一角にマットを敷いただけでもよいのです。マットも、遊び終わった後に簡単に片付けられるよう、バスタオルくらいの大きさでよいでしょう。遊ぶときはこれを敷き、その上なら思いきりおもちゃを広げてもよいことにするのが基本です。

ただ、レールを組み立てる電車のおもちゃなど、広いスペースが必要な遊びをする場合は「レールはどれだけ広げてもいいが、組む前のパーツはマットの上にまとめる」などのルールを決めることも大事でしょう。

マットではなく、子どもが入り込めるほどの大きな段ボールを使うのもよいでしょう。この場合は遊びが終わったら、段ボールを畳んでしまう、というルールにします。

また、リビングの片隅に小さなテーブルとイスを置き、本を読んだり絵を描いたりする場所をつくるのもおすすめです。**自分の部屋を持つ前にこうしたスペースがあると、「家での勉強」も楽しんでやるようになる可能性があります。**

どんなスペースが最適なのかは、子どもの遊び方や性格、個性によっても違います。いろいろ試してみて、子どもが気に入るものを選びましょう。そうすることで子どもは喜びますし、「自分でやる」という意識が自然と生まれますので、ぜひ取り入れてみてください。

↑マットは小さすぎると遊びにくく、大きすぎると片付けにくいもの。
120×80cmくらいのサイズがおすすめ

ダイニング

食事をする場が人間力を高める

子どもの主体性を高めるテーブルの状態

最近はリビングとダイニングが一緒になっている家がほとんどですが、ここではダイニングテーブルを中心とした空間＝ダイニングということで説明しましょう。

ダイニングの主役は、家族が揃って食事をするテーブルです。しかし、特に子どもが小学校の中学年くらいまでは、たとえ自分の部屋があり、そこに勉強机があったとしても、**勉強はダイニングのテーブルで、という子は少なくありません。**学年が下になるほど、その傾向は強くなります。

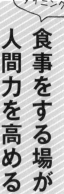

学校から帰ってくる。キッチンから母親の「おかえりなさい」が聞こえてくる。

ダイニングに行くと、夕飯の支度をするいい匂いがしてくる。

「手を洗いなさい、おやつあるわよ」。こんな言葉を聞きながらランドセルを下ろしておやつを一口。「まだ手を洗ってないでしょ！」と叱られながら、ランドセルから今日もらったプリントを出す。「宿題は？」という声に「これからやるって！」と言いながらテーブルに教科書とノートを広げ、おやつをつまみながら宿題を始める……。

これが、子どもにとって理想的な「学校から帰った後の日常」です。

親の気配を感じながらなら、勉強も頑張れる。それが子どもです。

ですから、こんなときに「勉強するなら自分の部屋でしなさい！」と叱りつけるのは、子どものやる気をそぐ行為だと覚えておきましょう。「学校のものを散らかして、片付かないから困る」というのも、「子どもを賢く育てたい」という親にしては困った考え方です。**親の都合より、子どものやる気をそがないことを大切にし、ダイニングテーブルは子どもが自由に使えるようにしてあげましょう。**

最も困ってしまうのは、子どもが宿題を広げている横でテレビのスイッチを入れてしまう親。子どもが勉強している横でテレビを観るなど、言語道断です。

そして、子どもが勉強に集中し出したら、途中で余計な声をかけてはいけません。時折様子を見ながら家事などを続けて、勉強の邪魔をしないようにしましょう。

テーブルの上に余分なものを置かない

このように、ダイニングは食事をする場であると同時に、子どもが勉強に集中する場でもあります。だとすると、親がやるべきことはたったひとつ。

「テーブルの上に余分なものを置かない」です。

食事のとき以外は、テーブルの上にものを一切置かない。花を飾るなら、できればテーブル以外の場所に。調味料なども、いつもテーブルに出しておく必要はありません。新聞やテレビのリモコンなども、どこか別の場所に置きましょう。

とにかく、常にテーブルを空けておくこと。そうすれば、子どもがいつでも教科書を開いたり、本を読んだり、絵を描いたりできます。「あれをやろう」とひらめいた瞬間に、それを始められるのです。

勉強部屋であり、創作の場であり、作業スペースである、**思いついたらすぐできる「自由自在な空間」は、子どもの能力を大きく伸ばしてくれます。**

まずはテーブルの上を片付け、広々としたスペースを確保するようにしましょう。

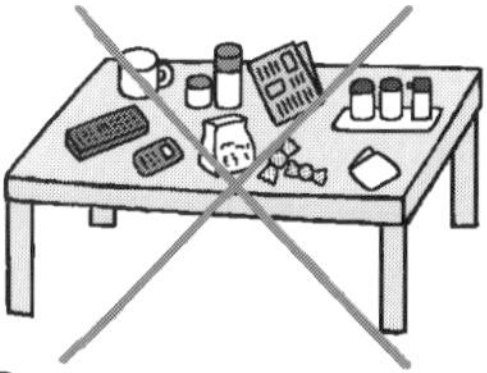

↑ものを置きっぱなしのダイニングテーブルは、子どものやる気をそぐ

↑何も置かれていないダイニングテーブルなら、どんな遊びも自由自在

食事中のコミュニケーションが「子どもの心」を豊かにする

ダイニング

食事の時間は家族の時間

ダイニングはそもそも、食事をする場所。子どもだけでなく、家族全員にとって大切な場所です。

しかしながら、ひと昔前はごく当たり前だった「家族揃って食事をする」ということが、今では難しくなってきています。

父親が忙しく、平日に家族揃って食事をするのはほとんど不可能、という家庭も少なくありません。母親も仕事をしている場合は、さらにその傾向が強くなり、家族それぞれがバラバラに食事をする……。いわゆる「孤食」の状態です。

私は、「食」は人間の基本だと思っています。それは、命をつなぐという意味だけにとどまりません。**どんなものを、誰と、どのような空気感の中で食べるかは、大げさでなくその人の人生や人間性を左右します。**

どれほど栄養バランスがとれ、素晴らしい味わいの食事だとしても、寒々しい家でひとりぼっちで食べたなら、とても満足という感覚は得られないでしょう。

あるいは、大好きな人と一緒にテーブルを囲んだとしても、食べるものが冷え切った出来合いの弁当だとしたら、その人に抱く感情も変わってしまうかもしれません。そして、大好物のメニューでも、親が小言を言いながらだったり、スマホやテレビに熱中していたら、子どもは少しも美味しく感じられないはずです。

「食」は心に平穏をもたらし、家族からの愛情を通して、自分がなくてはならない存在だということを確認する機会でもあるのです。

子どもを賢く育てたい、そう願う親御さんに私が伝えたいのは、「子どもには、手作りの食事を食べさせてあげてください」ということと、「子どもと一緒に食事をしてください」という、ふたつのことです。さらに付け加えるなら、「子どもとの会話を楽しみながら食事してください」ということです。

子どもは、手作りの食事から親の愛情を受け取ります。また、さまざまな食材を味わうことで五感を伸ばしたり、文化や食の大切さを学ぶことができます。さらに箸の使い方や行儀を教えられることで、マナーやルールを身につけることもできるでしょう。

いずれも、とても簡単なことです。しかし、仕事を持っているお母さんにしてみれば、こんなに簡単なことも難しい、ということもあるでしょう。

それでも、「子どもにとって食事はとても重要」ということを忘れないでほしいのです。毎日食事をつくるのが難しければ、週の半分は外食や出来合いの惣菜を使っても仕方ないでしょう。それでも、パックから器に盛り付けて出すなど、美味しく食べるために工夫できることはあるはずです。**自分のために親がしてくれたことは、必ず子どもにも伝わるはずです。**

また、休みの日には子どもと一緒にごはんをつくるのもいいでしょう。自分のライフスタイルに合わせて、子どもとの食事の時間を大切にしてあげてください。

ダイニングは、親と子が食卓を囲む大切な場です。そこで過ごす親子の時間を、大切にしていただきたいと思います。

↑「美味しいね」と言い合ったり、季節の食材の話をすることで、食事の時間が一層楽しいものになります

寝室

自立させるための寝室づくり

欧米式と日本式の子育ては、こんなに違う

欧米では一般に生まれてすぐに子どもに個室が与えられ、赤ちゃんの頃から、ひとりで寝ます。

対して日本の子育てでは、「川の字」という言葉があるように、幼いうちは一緒の布団で寝て、成長してからもある程度の年齢になるまで同じ部屋で布団を並べて寝るのが一般的です。つまり、子どもは母親と「密着」と言えるような状態で育ちます。それが、成長してからも子どもが親離れできない原因とも言われています。

そのため、近年では欧米式の子育てのほうが、子どもの自立を促すと思う人が増えた気がします。しかし、そこにはひとつの落とし穴があるのです。

欧米では子どもの前でも夫婦がハグをしたりキスをするなど、愛情表現が豊かです。それがあるからこそ、子どもは自分が愛に満ちた家で育っていると実感できるのです。幼い頃から自立を促す欧米式の子育ては、夫婦間の密なコミュニケーションとオープンな愛情表現に支えられているのです。

一方、日本にはオープンに愛情を表現する文化はありません。夫婦ともなれば、なおさらです。

それを見落としたままで欧米式の**「子どもは小さい頃からひとりで寝かせる」方法だけを取り入れてしまうと、子どもの情緒面がうまく育たない可能性が高くなる**のです。日本人は、日本式がベストなのです。

まるで一心同体のように子どもを育てるのは、日本古来の文化であり伝統。**母親にぴったりとくっつくことで子どもの情緒が安定し、健やかに育つのです。**

◎子どもが自分から離れるまでは、密着していい

一緒に寝る。一緒に風呂に入る。家事をするときはおんぶする。

子どもは母親の体温や肌の感触、匂いに触れながら育ちます。

これが、子どもに「愛」の存在や、絶対的な安心感を与えるのです。

このふたつは、子どもが健やかに育つためには欠かせません。

子育てにはいろいろな意見があるでしょう。しかし、ある程度の年齢になるまで母と子が密着して過ごす、スキンシップを重視した子育ては、日本人の心に刻みつけられているものだと考えられます。

一緒に寝るのも、風呂に入るのも、そして抱きしめたり手をつないだりするのも、永遠に続くわけではありません。子どもはいずれひとりで寝るようになり、ひとりで風呂に入るようになります。そのときは、いつか自然に訪れるのです。

たっぷりスキンシップをして、愛と安心感を与えること。それが子育ての基本だとい

えるでしょう。

寝るときは、親子で枕を並べる。そして、**よい本を読み聞かせするのがおすすめです。眠りにつく前に入った情報は、しっかりとアタマに刻みつけられます。**これ以上の幼児教育はありません。

そして、子どもが中学生や高校生くらいになり、自分の部屋で寝るようになってからも、あるときふと親と一緒に寝たがることがあるかもしれません。それは、子どもが何か問題を抱えているときです。そうしたときは「大きいのに、なんなの。やめなさい」と拒否することはもちろん、「どうしたの？　何があったの？」と聞くことも避けましょう。ただ、本人が望むように、一緒に寝てやればいいのです。

◎寝室を整えて、片付けの習慣をつけさせる

寝室で心がけてほしいのは、「朝起きたら寝室を整え、常にきちんとした状態に保つ」

習慣を身につけさせるということです。たとえば、畳の部屋なら朝起きたら布団をそのままにするのではなく、畳んだり、しまったりしましょう。また清潔を保つためには、干したり、掃除機をかけなければいけないでしょう。

ベッドの場合は、ベッドメイキングを。そして、ベッドの上がもの置き場になっていたり、ベッドの脇に下着や靴下などが落ちているケースも多いものです。人がちらっと見た時に、問題がない程度に整える余裕と習慣が大切です。

寝室は家族しか入らないプライベートな空間です。そのため、「誰も見ないから」と果てしなく散らかる傾向があるようです。しかし、「人が見ていないから手抜きをしてよい」という態度は、勉強でも仕事でもよい「結果」につながるはずがありません。

布団を畳む、ベッドメイキングをするという片付けを通して「常にきちんとする」習慣を子どもに身につけさせましょう。

また、寝室には子どもの靴下やパンツなど、衣類を収納したタンスのある家も多いと思います。朝起きたら、自分の用意は自分でさせる習慣もつけましょう。「身のまわりのことを自分でやる力」がつき、子どもの自立につながります。

↑寝る前の良質な本の読み聞かせは、子どもの日本語力を上げる近道。
美しい日本語で書かれた音のリズムが良い絵本を選びましょう

浴室・洗面所
トイレ

家族共有の場所をきちんと整えておく

◎「自分が使う前の状態に戻す」をルールづける

家の中で「家族全員が毎日必ず使う場所」があります。それが浴室、洗面所、そしてトイレです。いずれも使う時間は限られ、ひどく汚れるわけではないけれど、水滴や落ちている髪の毛などの「使った痕跡」が気になる場所です。こうした**家族共有の場所をきちんと整えることは、マナーの基本**といえます。

たとえば、洗面所で顔を洗った後は髪が落ちていないか、歯磨き粉が飛び散っていないかをチェックし、タオルなどもきちんと直しておくなど、「自分が使う前の状態に戻す」

ことをルールとして決めておくのはとても大切なことだと思います。

なぜなら、家庭での振る舞いは、必ず公共の場に現れるからです。

デパートや映画館などのトイレを使った後、ゴミを放置していくのは論外ですが、ペーパーがなくなっているのに補充しない、鏡の前で髪をとかした後、落ちた髪をそのままにしていくというのは、知的な人の振る舞いではありません。

公共の場の使い方には、その人の公共心、協調性、思いやりだけでなく、「次の人が使うときにどう思うか」という想像力が現れます。

「掃除係の人がいるんだから、客が公衆トイレをきれいにすることなんか考えなくていい」という考え方では、子どものアタマが伸びるチャンスを奪うようなものです。

次に使う人のことを考えて、**皆が使う場所を汚さない。使った後は元通りに整える。このしつけは、思いやりのマナーであり、子どもの想像力を豊かにする、**とても大切な教育なのです。

子ども部屋

子どもが部屋を持つには〝適齢期〟がある

10歳になったら自分の部屋を

「子どもが何歳になったら自分の部屋を与えればいいのでしょうか」。

これは今まで何回となく受けてきた質問です。

前の項で述べたように、小学校中学年くらいまでの子どもは、ダイニングやリビングで勉強することが多く、「自分の部屋」はまだ必要ない、と思うかもしれません。

しかし、いつまでも自分の部屋が持てないということは、子どもにとってプライバシーが保たれないということ。いずれは自分だけの空間が必要になります。

では、それはいつが適切でしょうか。

子どもに自分の部屋を与えるタイミングは、子どもの成長具合や性格などによっても異なりますが、ある程度の目安はあります。

それは、**「ひとりで風呂に入るようになる頃」です。**

特に男の子なら母親と、女の子なら父親と一緒に風呂に入らなくなったら、自分の部屋を持たせる時期に入ったといえるでしょう。これは、ちょうど身体的に大人へと変化する第2次性徴が始まる時期と重なります。

しかし、もし子どもに自分の部屋を持たせるとしても、「はい、今日からあなたはここでひとりで寝なさい」といきなり突き放してしまうのは、ちょっと考えものです。

机やベッド、本棚を揃えて、いつでもひとりで寝ることができる環境を整えておきつつ、**実際にひとりで寝るかどうかは子ども自身に任せましょう。**親と一緒に寝たかったら親の寝室で寝ればいいし、ひとりで寝たかったら自分の部屋で寝ればいい、というようにしておくと、子どもも安心します。

思春期まではオープンな子ども部屋に

また、子どもが部屋を持つようになると、「親の目が届かないところで、何をしているかわからない」という不安が生まれます。

勉強せずに漫画を読んでいるのではないか、ゲームばかりしていないかなど、心配は尽きないでしょう。

私は「最初から子どものプライバシーを完全に守らなくてもよい」と考えています。

たとえば、部屋に窓のようなものがついていて、そこから姿が見えたり音が聞こえたり、親の呼ぶ声がすぐに聞こえるようにしておくなど、「個室だけど、密室にならない」工夫があるのは理想的です。親と子がお互いの気配が感じられるような余地を残しておくことは、「ひとたび部屋に入ってしまったら、何をしているのかまったくわからない」

というブラックボックス化を防ぐことができます。子どもも**「自分の部屋だからといって、好き放題にしてはいけない」という気持ちが芽生える**ことでしょう。

しかし、そうした「余地」を残しておくのも、思春期までだと心得てください。

子どもが思春期になったら、プライバシーは大人と同等です。自分の部屋で何をしているのかが家族に丸わかりなのは、あまりにストレスです。この時期になったら、「子ども部屋」というより「個室」になります。幼いときと同じような感覚でいるのは、子どものためになりません。

子ども時代はオープンに、思春期になれば密室に。

それが理想の「子ども部屋」です。

子ども部屋

集中力が途切れない部屋づくり

「誘惑するもの」は目に入らない位置に

「子ども部屋では集中して勉強してほしい」。それはすべての親が願っていることでしょう。

しかし、子どもにとって自分の部屋は「勉強部屋」というより「自分の城」。勉強をしなければならないことはわかっていても、ついつい漫画を読んだりゲームをしたり……。そんなことはどこの家でもあるでしょう。

しかし、子どもがつい遊んでしまうのは、子どもの集中力ややる気のなさだけが原因ではありません。**子ども部屋のものの置き方が、問題を引き起こすこともあるのです。**

たとえば、一生懸命勉強して疲れてしまったとき。難しい問題にぶつかって逃げたくなったとき。ふと目をあげたところに、漫画が並んでいたり、ゲーム機があったらどうでしょう。

あるいは、なかなか宿題がはかどらず、いやになってしまったとき。その横にふかふかのベッドがあったら、つい横になりたくなるのは、無理もないことでしょう。

このように、多くの子ども部屋では、「集中」と「リラックス」があまりにも近くにあることが多いのです。それでは、子どもが勉強に集中できないのも仕方ないでしょう。

勉強をするときは、余計なものが目に入らないようにする。これが重要なのです。

子どもが気の散るもの、誘惑してくるものは、勉強中は目に入らない場所に置くのがよいでしょう。

◎集中力をアップさせる配置

では、実際どこに何を置くのがいいのでしょうか。まず、基本として勉強机の上は何も置かない。こう話すと、多くの人は「え？　では教科書はどこにしまえばいいの？」という反応をします。机の横に垂直になるように本棚を置き、そこに、教科書や資料集など、勉強に役立つ本だけを入れればいいのです。**勉強中にふと気になったら、探すことなく資料が取り出せるようになっているのが望ましい姿。**「思いついたらすぐ」という状況が整うことで、「思いつく」ことが頻繁に起きるのです。

この状態が整えば、勉強にノッてきます、集中力が増します。発想が広がるほど、勉強は深く、楽しくなってくるのです。

一方、漫画や小説、おもちゃなど、子どもの好きなものはどこに置けばいいのでしょうか。これらがひとつもないというのも、味気ないものです。疲れたときに画集を見たり、漫画を1話分だけ読むなどの息抜きをすることで、勉強のストレスが解消され、再び頑張る気力が湧くこともあります。

漫画や小説、画集、おもちゃやぬいぐるみなどを入れた本棚は、机の真後ろに置きましょう。そうすれば、勉強を邪魔することなく、気分転換に役立てることができます。

そして、受験シーズンに入り、1分でも長く勉強しなければならない時期になったら、この本棚は布をかけるなどしてすっぽり隠してしまいましょう。「楽しみを封印した」ということで本番にかける気合が入ります。

また、**ベッドは机の背後など、机に座ったときに視界に入らないところに置きましょう。**そうすることで、机に向かったら自然に勉強に集中する環境がつくれるのです。

「集中」と「リラックス」を分けて配置することが、賢い子ども部屋の鉄則です。

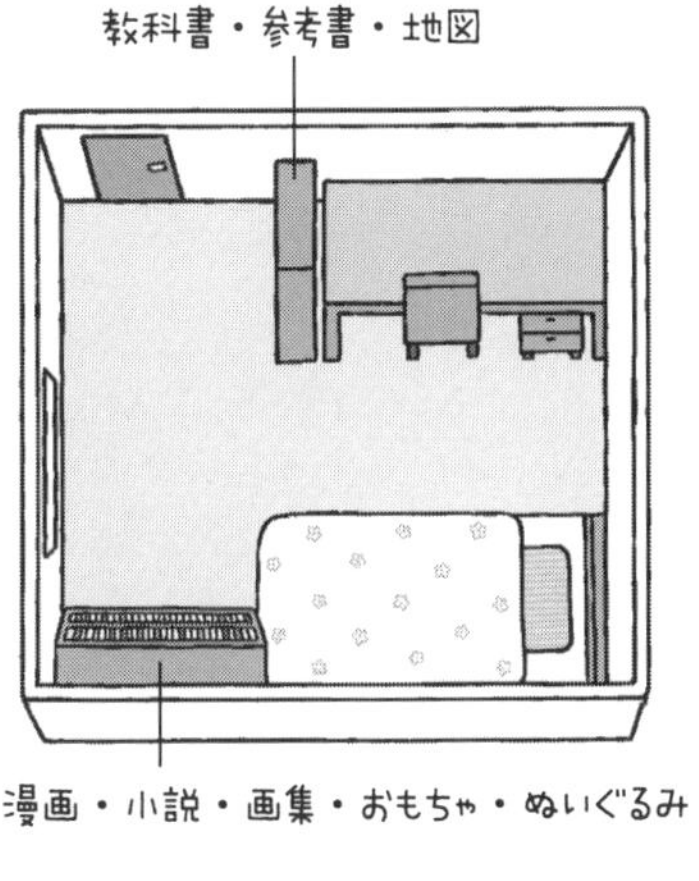

↑勉強中、目に入るところにベッドや漫画の入った本棚を置かない

子ども部屋

勉強机はサイズがポイント

幅広の作業机が、子どもの好奇心を高める

子ども部屋を「勉強部屋」にするために必要なのが、勉強机です。

子どもが小学生になる頃、多くの家ではランドセルと同時に勉強机を買います。しかし、その選び方となると、私には疑問ばかりが浮かびます。

多くの親が選ぶのが、いわゆる「学習机」。幅が1メートル前後で片側に引き出しがついている、いわゆる片袖タイプ。机の上には小さな本棚が設置されていて、その下にはライトがついているのが代表的な学習机ではないでしょうか。

日本の住宅事情に合わせて、すべてがコンパクトにできているのが特徴です。しかし、子ども部屋、つまり「勉強部屋」に置くとなると、これは不向きです。なぜなら、「学習机は狭すぎて、勉強に向いていない」からです。

たとえば、こうした学習机の上に広げられるものを考えてみましょう。おそらくドリル一冊がちょうどよく、教科書とノートを広げてしまうと、少し窮屈さを感じるはずです。では、そこで地図帳を広げたくなったら？　あるいは、少し大きくなって副教材や参考書、資料集を広げたくなったら？

とてもスペースが足りません。

勉強は、教科書とノートだけでできるわけではありません。それだけでできる勉強なんて、たかが知れています。ひとつの科目を勉強しているときでも、「これはどういうことだろう」「あれを見たらもっとわかるかもしれない」と、参考書や資料、図鑑などを次々開きたくなることは、必ずあります。そうしたものがまだ必要のない学年だとしても、ノートを書いているときに「もっとわかりやすく書いてみよう」と思い立って、さまざまな色のマーカーを使ったり、色鉛筆で絵を描いてみたくなることもあるでしょう。

そうしたとき、机が狭いというたったそれだけの理由で、別の資料や道具を広げることができなかったら、どうでしょう。

それは、子どもにせっかく灯った「賢くなる火」が消える瞬間だと思ってください。

そんなことを防ぐために、**勉強机には十分なスペースがあるものを選ぶのが重要です。**

また、受験期になり家庭教師に来てもらうようになったときには、家庭教師と並んで座ることができるのが、理想的な勉強机です。つまり、幅も広いものを用意するということ。最低でも120センチは欲しいところです。

勉強机に、余計な装飾は入りません。引き出しは、ついていなくても構いません。必要になれば、後からキャスターつきの引き出しを利用すればいいのです。

そして、机の上には基本的に何も置かないこと。**勉強が終わったらすべてをしまい、何もない状態に戻すという習慣をつけさせることが大切です。**そうすれば、思いついたときすぐに本を広げたりできます。

　これだけの広さがあれば、本を何冊広げても大丈夫ですし、画材を広げて絵を描くこともできます。自由自在にやりたいことができる。そうした空間が子ども部屋にあることが、子どもの自主性や発想力を伸ばし、賢くすることにつながるのです。

↓天板が狭い机は、十分に教材を広げられないため、勉強に不向き

↑キャスター付き引き出しをどかせば家庭教師と並んで座れる120～150cm幅の机が理想

庭・ベランダ

家庭でも自然体験を

自然体験が子どもの身体能力を伸ばす

子どもには自然体験が欠かせない。

それは、著作や講演会を通して、常に私が主張してきたことです。

どんなに優れた教材があったとしても、自然の中で自由に遊ぶことに勝る教育法はありません。

子ども時代の自然体験は身体能力を伸ばし、物事を観察する力を磨き、主体性を育む最良の方法であり、賢い大人になることを約束してくれるものです。

子どもにどのような自然体験を積ませるといいかについては後述（↓P128）しますので、ここでは「家庭での自然体験」について述べていきましょう。

住んでいる地域が自然に恵まれていて、いつでも自然の中で遊べるような環境で子どもを育てることができるなら、それほど幸運なことはありません。

しかしながら、都会のタワーマンションなどに住み、「自然らしきもの」は街路樹と花壇だけ、という環境で育つ子どもは、実に多いのです。

そうした家庭に対し、「子どものために自然が多い環境に引っ越しては」とおすすめするのは、それがベストとはいえ現実的ではありません。

その場合は、**家庭の中に自然を取り込む**ようにしましょう。

たとえば、ガーデニングを始める。ベランダでも庭でもいいから、子どもと一緒に草花を植えて育てることは、とてもよいことです。

春にチューリップを咲かせたいなら、いつ球根を植えればいいのか。きれいな花壇をつくるには、どんな色の配置にすればいいか。寒い時期を乗り越えさせるには、どんな世話が必要なのか。虫や鳥からどのように植物を守ればいいか。あるいはどのように共存すればいいか。

ささやかなプランターでも、「自然」を楽しみ、多くのことを学べます。最近は手もベランダも汚さない、虫もわかないという人工の栽培土があるそうですが、自然体験をさせたいと思うなら、本物の土を使うほうがよいでしょう。子どもは泥遊びが大好きなのですから、ためらうことなく楽しめるはずです。

また、室内にも季節ごとに花を飾ったり、日当たりのよい窓辺に鉢植えを置くのもおすすめです。

桃の節句には桃の花を飾り、端午《たんご》の節句には菖蒲湯《しょうぶゆ》を、冬至にはゆず湯を楽しむなど、日本古来の自然との付き合い方を取り入れたり、クリスマスに松ぼっくりや常緑樹の枝でリースをつくるのも、家庭でできる自然体験です。

◯野菜づくりから創意工夫を学ぶ

このように、草花を育てたり飾るのもいいですが、ぜひ取り入れていただきたいのが、野菜づくりです。いつも**スーパーで買っている野菜を自分で育て、手入れをし、そして食べることは、子どもに観察力や思考力をはじめ、多くのことを教えてくれる**体験です。

きれいな形の野菜をつくることの難しさや、虫や鳥にやられてしまって食べられなかった悔しさなど、いろいろな失敗も味わうでしょう。しかし、そういった経験から、どうすれば次は失敗しないか、スーパーに並んでいるような丸いトマトをつくるにはどうすればいいか、害なく虫や鳥を撃退するにはどうすればいいかを考え始めます。

自然の中で生まれる創意工夫は、ベランダ菜園でも生まれることでしょう。

身近に自然環境がないなら、家の中に自然を取り入れる。それは親にしかできません。オリジナリティ溢れる、その家ならではの自然の楽しみ方を見つけてください。

庭・ベランダ

1日のはじまりに外に出る習慣を

外気に触れて、感覚を磨く

現代の暮らしは本当に快適です。猛暑の夏も、極寒の冬も、室内は常にエアコンが効いて快適な温度が保たれています。しかし、それは「自然」とかけ離れた暮らしを送っているると言い換えることもできるのです。朝起きたとき、今日がどんな天気で、どんな気温なのかを天気予報で知るというのは、やはりどこか不自然です。

その日の天候を自分の体感覚で知り、それに合わせた支度を整えるのは、本来当たり前に持っているはずの野性的な感覚を高める絶好の機会です。

それは難しいことではありません。子どもに「新聞を取りに行かせる」という役割を与えるだけでよいのです。

朝起きたら、家から出て外気に触れる。たったそれだけのことで、今日は晴れているのか曇っているのか、暖かいのか寒いのか、どんな服装で出かけるのが適切か、持ち物はどうするかを決めることができます。

新聞を取りに行かせたら、**必ず「晴れている」「ちょっと肌寒い」など、その日の天候を報告する習慣を子どもにつけさせましょう。**

そして、それに対して親が「じゃあ、洗濯できるかな」「ジャケットを羽織ったほうがいいかしら」などと質問するようにしてください。それに対して「わからない」と答えるのは禁じ手です。「う〜ん、バスタオルの洗濯は無理かも」「ジャケットは手で持っていけばいいと思う」など、天候に応じた行動を答えさせると、子どもに対応力がつきます。

もし、新聞はドアポストに入るので外に出る必要がないというなら、朝起きたら窓を開け、空気の入れ替えをする役割を与えるのもよいでしょう。

1日のはじまりに外に出る、あるいは外気に触れる。わずかそれだけのことでも、子どもに自然を感じさせ、よい影響を与えることができるのです。

そして、休日や長期休暇には、ぜひ自然の中に連れていってください。日常ではできない経験を通して五感が刺激される、素晴らしい体験になります。

子どもが成長するには「自然」が欠かせないということをしっかり認識し、できる限り自然体験をさせることは、もはや「必須」なのですから。

第3章

好奇心がどんどん高まる「本選び」

良質な本を読むことが、自分で考える力を育む

子どもの将来のために、本好きに導く

子どもが将来、大学で学ぶということは、学者の話を聞いて、書物を読み、文章でまとめる能力が必要になります。私はその能力を「日本語了解能力（＝リテラシー）」と呼んでいます。国語・算数・理科・社会、すべての科目を学ぶ上で基礎となるものといえるでしょう。

そのための家庭での教材となるのが、本です。

私の経験では、できる子は間違いなく本を読んでいました。**本を読まなかったら、物**

事を適切に理解・解釈・分析し、表現する力が培われません。

本を読む習慣がなければ、大学に入学した後、自分で研究することや、課題を見つけることさえ難しくなってしまうのです。本を読まないで大学に進学する意味はほとんどないということを、ぜひ親御さんには知っていただきたいと思います。

つまり、「勉強とは、よく本を読むこと」ともいえるのです。

子どもの将来の学力のために親ができることは、子どもを本好きにさせること。そのために環境を整えて、読み聞かせを通じて本の楽しさを伝え、子どものリテラシーを上げていけるように導いていきましょう。

◎読み継がれてきた古典こそ価値がある

子どもにどんな本を読み聞かせればいいのか迷ったときは、古典的な本から始めるのをおすすめします。なぜなら、あらゆる本は古典をもとに書かれているからです。また、

200～300年生き残っている本は、その素晴らしさゆえに、人から人へと紹介されてきた名作中の名作といえます。そういうものにこそ、子どもに触れさせる機会を増やしたいものです。国内外の作品を問わず、子どもには早めに古典を読ませましょう。

◎昔ばなしは「音」にも優れている

子どもに読ませたい古典のひとつに、昔ばなしがあります。昔ばなしがよいとされる理由は、ふたつあります。

ひとつめは、数百年生き残ってきた魅力のある話だということ。語り手によって削られ、修正され、時には脚色されながら、話の柱になるところは変わらずに練り上げられてきた逸話ともいえます。

ふたつめは、語りで伝わっていく中で日本語の「音」が繰り返し吟味されて、洗練されてきたということ。

また、「音を聞かせる」ためには、体内に注ぎ込むようにはっきりと発音しないと、子どもには理解することができません。そのため、自然に「一音一音をはっきり区切って読む」ことがされてきたと思われます。**区切って読むことで、言葉が脳への刺激となって伝わり、自然に文章構造が理解できるようになる**といわれています。

昔ばなしは、文章了解能力を伸ばすのにも最適な教材といえるでしょう。ぜひ、子どもには、一音一音をはっきりと大きな声で、ゆっくりと読み聞かせてあげてください。

同様に、海外の古典であるアンデルセンなども読んでおきたいもの。大人になって『シンデレラ』や『白雪姫』、『マッチ売りの少女』『はだかの王様』などを知らないと、恥ずかしい思いをしますから。

本＝勉強にすると子どもが本嫌いになる

本棚を見れば、家庭がわかる

「本棚を見れば、その家の教育環境がすべてわかる」。たくさんの家庭で教育環境設定をしてきた私が心から実感しているのは、このことです。

両親がどのような本を読んでいるか、どんな本を子どもに読ませようとしているかを見れば、その家のことがわかるといっても過言ではありません。

文豪といわれる作家の作品や、読み込んだ形跡のある文学全集が並んでいる家庭では、お子さんの指導にそう苦労することはありません。しかし、やけに本棚がカラフルで、

「！」マークの多い背表紙が並んでいるのを見ると、教育熱心かもしれないが、何らかの情報に踊らされて、子どもに無理矢理勉強させている可能性がよぎります。そして、その予想が大きく外れたことはありません。

効果を求めて本を読まない

最近、書店に行くとあまりにも多くのハウツー本が並んでいることに驚きます。美容や健康、料理といった実用本から「幸せになる方法」や「ビジネスで成功する方法」、「よりよい自分になる方法」など、ありとあらゆるハウツー本が溢れています。

本にも「効果効能」が求められている時代、といえるのかもしれません。しっとりとした情感やワクワク感、そして好奇心を満たすための本が、まるで薬や健康食品のように「効果」や「機能性」重視になっているのは、残念に思います。

時間のない大人が読書にまで実利を求めるのは、仕方ないのかもしれません。しかし、子どもの本選びにまで、同じように「効果効能」ばかりを求めていないでしょうか。

そして、アタマのいい子どもにしたいからと「本を読みなさい」と言う親が増えていますが、選んでくる本が「勉強に役立つ本」ばかりでは、本好きな子どもになるとは到底思えません。

子どもは、物語の世界に飛び込んで想像を膨らませたり、まったく違った境遇で懸命に生きる主人公に想いを寄せたり、興味がある事柄に奥深い世界があることを知って、ますますそのことが好きになるなど、**本を通して未知なる世界へと旅立っていきます。**

それこそが、読書をする喜びといえるのです。

それなのに、「アタマがよくなる」「勉強ができるようになる」という効果効能ばかりを求めると、読書はたちまち勉強になってしまいます。これでは、本を読む喜びは味わえません。

子どものための本選びは、まず子ども自身が興味を持ちそうなテーマであること、読んでいて楽しいものが絶対条件だと思ってください。

本を読むことを強制しない

そして、もうひとつ大切なことは、「本を読みなさい！」と強制しないこと。子どものとき、夏休みに読書感想文の宿題が出て、興味のない本を読むことを強いられたときの苦痛を思い出してください。本は読んでいて楽しいもの、ワクワクするものです。興味のない本を無理矢理読まされる苦痛を味わった子どもは、本に対して苦手意識を持ってしまいます。その結果、本嫌いになってしまうのです。

もし、**子どもに読んでほしい本があるのなら、まず親がその本のことをおもしろい、楽しいと心から思うこと**です。ですから、もし読んでいないのなら、まずは自分が読みましょう。その上で、「この本、すごくおもしろかったから読んでみたら？」とすすめるのです。そのとき、おもしろかったポイントを伝えることも忘れてはなりません。子どもの性格や好みを押さえた上で、どこをアピールすれば興味を持つのか。それを考えて話すのが効果的です。

「勉強」が始まる前の準備となる名作全集と資料集

良質な本をさりげなく用意しておく

子どもが本好きになるには、まず興味を引きそうな本を読ませることです。スポーツ、動物、国、どんなことでもいいので、子どもが好きなものを題材にした物語を与えることは、本好きになるのにとてもよいアプローチです。

その上で、本棚に準備しておきたいものがあります。それが、「児童名作全集」です。

私が家庭教師に行った家庭で、子どもの教育がうまくいっている家には共通して「児童名作全集」がありました。こうした本棚の持ち主、つまり子どもに「これ、読んだの？」

と聞くと、答えはほぼ決まっていました。

「最初はなんだこれ、古臭い本だなと思っていたけれど、ヒマでやることがないとき、ちょっと読み始めたらおもしろくて。いつの間にか全部読んでいたんだよね」。


これこそ、昔から読み継がれている名作の力といえないでしょうか。

読むかどうかわからなくても、子どもの目に触れるところに良質な本を置いておく。そして、いつの日かふと手に取る日を待つ。

そうすることで、子どもが自然と質のいい本に触れ、読書の楽しみを知ることができるのです。


また、偉人伝は困難があっても自分がやりたいことを貫いた人物の記録です。「主体性」を学ぶための最良の書物といえます。歴史や理科に対して強くなり、苦手意識がなくなるという利点もあります。ぜひ用意しておきたいジャンルです。

好奇心を刺激する、資料集

もうひとつ、私がおすすめしたいのが資料集です。地図や図鑑、歴史の本など、中学・高校の副教材として使われているものがいいでしょう。そもそも勉強のために使われるものですが、これを「読み物」として使うのです。

たとえば、歴史ものの番組をやっていたら、さっと取り出して「織田信長ってこんな人だよ」と見せてあげる。旅行の計画を立てているときに、地図を出して「今度行く温泉はここだよ」と示す。窓の外で鳥がさえずっていたら、図鑑を出して「なんていう鳥かな」と一緒に調べる。こうすると「へえ！」と驚きの声を上げる瞬間が増えていきます。そうしたら、最初の知識にひもづけるように、次の知識を与える。たとえば「織田信長」を見せたら「明智光秀」「豊臣秀吉」というふうに、関連する人物に発展させたり、温泉の位置から近くの山や川などの地形に発展させるなど、どんどん知識を広げていくのです。

そうすることで、子どもに「知るっておもしろい！」という感覚が芽生えます。そうして何か新しいことに出会ったとき、自分から「これは何かな？」と資料集などを開くようになったら、これほどよい習慣はありません。

「勉強しなさい」ではなく、「調べてみようか」。それが、子どものアタマをどんどん発展させるキーワードなのです。

↑子どもが興味を示したらすぐに図鑑や資料を見せて、知識が深まるように語りかけを

子どもを伸ばす「本」はこう選ぶ

いつか子どもが読む本と、大人が見せてあげる本

子どもは日々、新しいことに出会います。見たことがないもの、知らないものだらけの子どもは「これ、何?」と聞いてくるものです。こんなとき、ごまかすのはもちろんのこと、うろ覚えの知識で中途半端に教えることは、子どものためになりません。不確かなことを伝えるくらいなら、「一緒に調べてみよう」と言ってほしいと思います。そのために、いつでもすぐ手に取れる場所に、文学全集や図鑑や地図、資料を置いておくとよいでしょう。

それも、子ども向けにやさしく書かれたものと、親が読みやすく、子どもに教えやすいものを揃えておくのが理想です。何かわからないことがあったとき、**はじめのうちは「じゃあ、調べてみよう」**と子どもと一緒に図鑑などを見るようにするのです。そして、**慣れてきたら「調べてごらん。わかったら見せて」**と自分で調べるように促すといいでしょう。

中学や高校で使われる副教材や地図は、図版も豊富でわかりやすくまとまっています。まだ幼い子どもが自分で使いこなすのは難しいので、子どもの「何?」が出たら、大人が開いて見せる、というように使いましょう。これを繰り返すうち、子どもが自分から開いて眺める、ということが起きます。

わからないことがあったら本で調べる。うろ覚えの知識でいい加減に答えないという姿勢は、学びの基本です。子どもの頃から身につけさせるとよいでしょう。

子ども名作全集

古くから読み継がれている名作は、心を揺さぶり、深い感動を与えてくれます。物語の世界に入り込む喜びを教えてくれる名作は、全集で揃えておくとよいでしょう。「読みなさい！」は禁句。自然に手に取る日が訪れるのを気長に待つのがおすすめです。

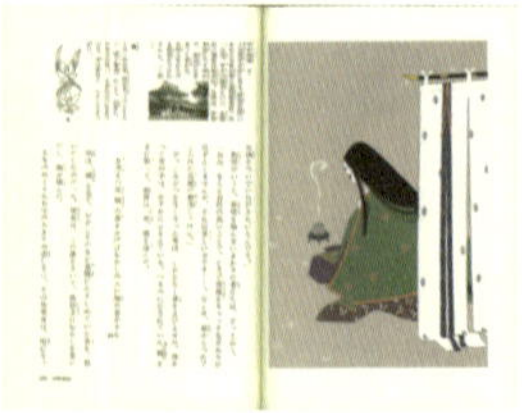

21世紀版少年少女古典文学館セット（全25巻）

講談社　35,000円

『古事記』から『奥の細道』まで、日本の古典が網羅されたセット。読書が好きになった子にすすめたい。日本語の学習にも効果的。

21世紀版少年少女日本文学館セット（全20巻）

講談社　28,000円

『ごんぎつね』など、絵本でおなじみの作品から教科書にも掲載される作品まで、子どもの心をつかむ日本の名作をまとめたセット。

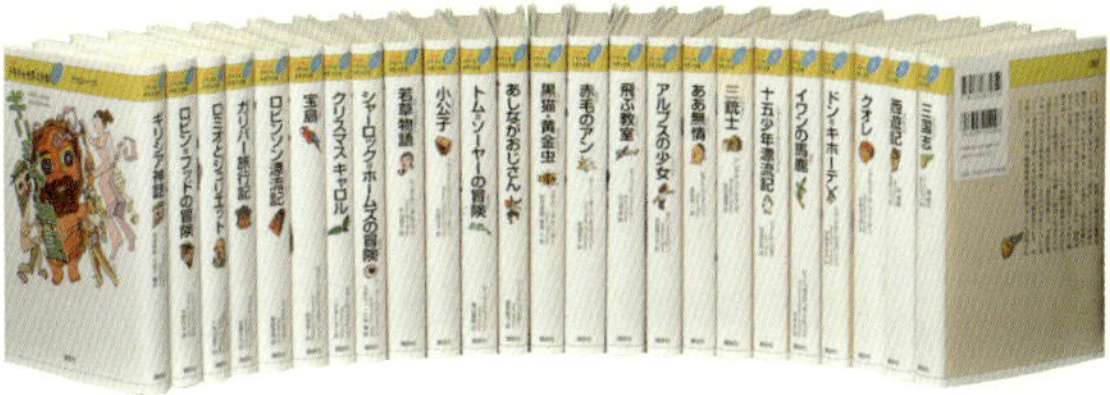

21世紀版少年少女世界文学館セット（全24巻）

講談社　33,600円

『ギリシア神話』から『三国志』まで、古今東西の名作を集めたセット。『若草物語』、『トム＝ソーヤの冒険』と男女ともに楽しめるラインナップ。

図鑑・資料

「これは何？」が出るようになった頃から与えたい図鑑。好奇心をより大きく伸ばしてくれます。特に幼い頃は、より実物に近い写真を使用した図鑑がおすすめ。日常での発見を手助けします。

せいかつの図鑑
（小学館の子ども図鑑プレ NEO）
流田 直／監修
小学館　2,800 円

衣食住の基本が身につく図鑑。大きなイラストや写真で、教えておきたい生活のコツを解説。「できない」ことも自分で調べるとおもしろくなる。

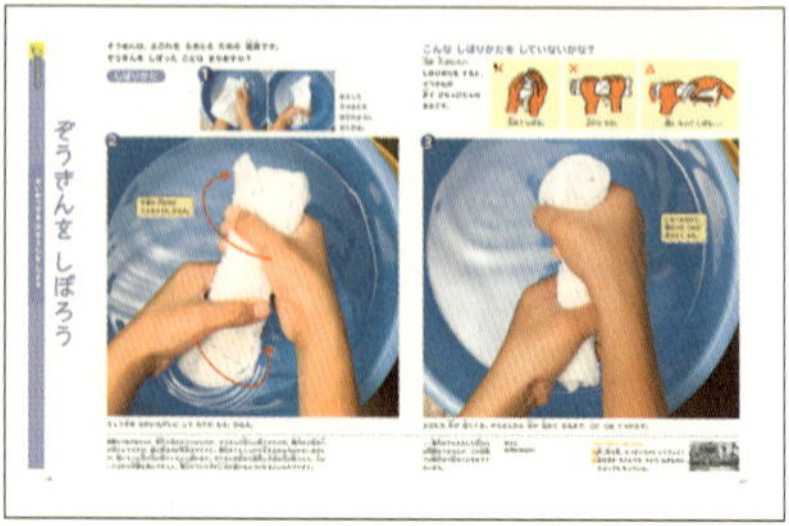

キッズペディア
こども大百科 大図解
小学館　3,600円

最新技術や話題のもの、教科書に出てくるテーマ、身のまわりのものなど、あらゆるものの仕組みなどを図解でわかりやすく紹介。

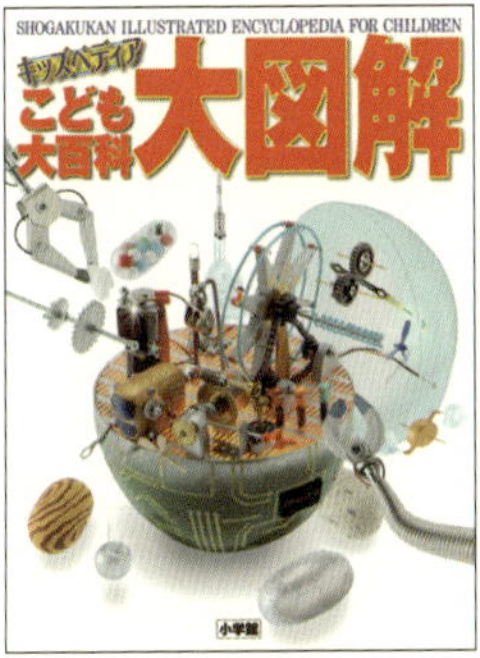

たっぷりしゃしんずかん
（0・1・2さいのえほん）
内山晟、小賀野実／写真
ひかりのくに　750円

0～2歳の子どもが好きな動物、昆虫、電車、働く車、果物、野菜、料理などを200点も集めた図鑑。指差しで「これ何？」と一緒に遊べる。

せいめいのれきし 改訂版
バージニア・リー・バートン／文・絵
いしいももこ／訳　まなべまこと／監修
岩波書店　1,700円

1964年刊行からのロングセラーに、新しい知見を加えた改訂版。地球が生まれる前の太陽誕生から今に至るまでの歴史をイラストで展開。

危険生物（学研の図鑑 LIVE）

今泉忠明／監修
学研　2,200 円

人間にとって脅威となりうる危険・有毒生物を約 700 種掲載。迫力ある写真のほか、付録の DVD やスマートフォンで 3DCG が楽しめる。

講談社の動く図鑑 MOVE
恐竜

小林快次、真鍋真／監修
講談社　2,000 円

恐竜の最新の研究に基づいた図鑑。NHK のスペシャル映像を使用した 48 分 DVD 付き。誕生から絶滅まで恐竜のすべてがわかる。

くらべる図鑑

（小学館の図鑑 NEO+ ぷらす）
渡部潤一、加藤由子、中村尚／監修・指導
小学館　1,900 円

実際に並べて比較しにくいものを、精緻なイラストで再現。約 50 のテーマであらゆるものの大きさを比べる。調べる楽しさを味わえる。

レアメタルから宝石まで
鉱物の基本がわかる！
美しい鉱物（学研の図鑑）
松原聰／監修
学研　552円

世界中で産出される鉱物から約200種を選び、写真ほか詳細なデータとともに紹介。鉱物早見図鑑もつき、自然観察に役立つ。

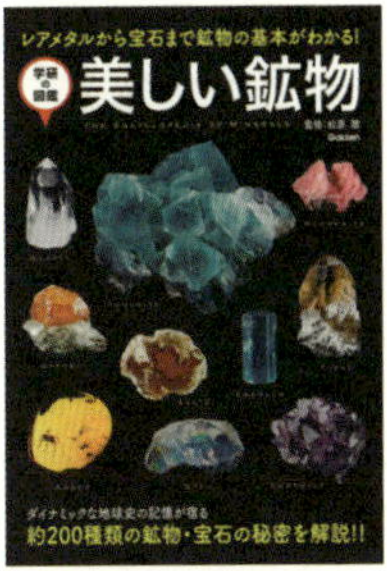

＼大人が見せてあげる本／

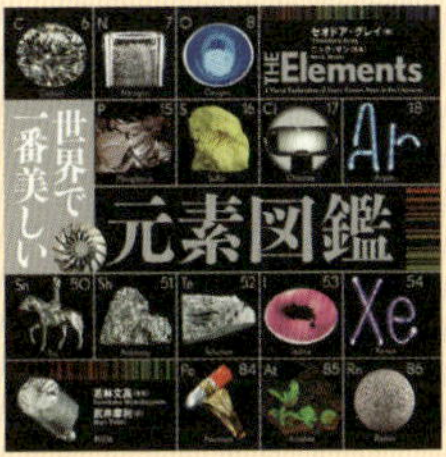

世界で一番美しい 元素図鑑
セオドア・グレイ／著
ニック・マン／写真　若林文高／監修
創元社　3,800円

世界を構成する118個の元素を美しい写真と科学エッセイで紹介。全米では刊行半年で20万部を突破したベストセラー。大人も楽しめる。

美しすぎる宇宙の絶景 ハッブル
宇宙望遠鏡25周年記念DVD BOOK
渡部潤一／監修
宝島社　1,380円

ハッブル望遠鏡が撮影した神秘的な宇宙の画像が満載。ハッブル望遠鏡25年の歩み、解明した宇宙の真実も。科学に興味がある子どもに。

史上最強カラー図解 プロが教える

気象・天気図のすべてがわかる本

岩谷忠幸／監修　ナツメ社　1,500円

気象現象の仕組みと基礎知識、天気図の読み方などを豊富な写真とイラストで解説。天候や天気予報に興味を持つ子どもに。

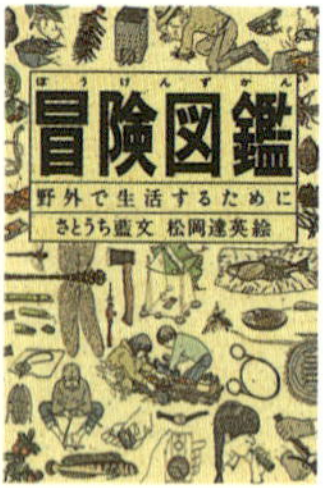

冒険図鑑

野外で生活するために
(Do! 図鑑シリーズ)
さとうち藍／文　松岡達英／絵
福音館書店　1,600円

歩く、食べる、寝るといった基本から危険への対応など、野外生活のハウツーをイラストで解説。自然と遊びがさらに深まる。

自由研究図鑑

身近なふしぎを探検しよう
(Do! 図鑑シリーズ)
有沢重雄／文　月本佳代美／絵
福音館書店　1,600円

宿題のためだけでなく、四季を通して楽しく自分から研究するための1,000を超すヒントが満載。親子で不思議を探索するガイドブック。

＼大人が見せてあげる本／

常用国語便覧

浜島書店　870円

高校の授業でも使われる、古文、漢文、現代文を網羅した一冊。子どもの「どういう意味？」が出たら、一緒に見て、教えてあげるとよい。

新詳日本史

浜島書店　870円

高校の日本史授業でも使われる図録。豊富な写真資料でわかりやすい。日本史を教えるというより、人物の顔、戦の様子、着物など、興味を持ちそうなものを見せるとよい。

詳説世界史図録

山川出版社　860円

高校の世界史授業で使われる図録。テレビなどの話題に応じて見せるとよい。写真、図版、史料が豊富。

哲学

「哲学」というと大げさですが、自分と向き合い、人のことを思う気持ちは、子どもでも大切です。難しい内容を読ませたいときは、イラストが多く楽しいものを選ぶのがコツ。漫画のような感覚で読み進め、「考える」きっかけを与えましょう。

こころのふしぎ
なぜ？どうして？
(楽しく学べるシリーズ)
村山哲哉／監修　大野正人／原案・執筆
高橋書店　850円

説明が難しい人の感情、倫理観、友だちとの付き合い方など、心にまつわる疑問を子どもにもわかりやすく解説した「心の教科書」。

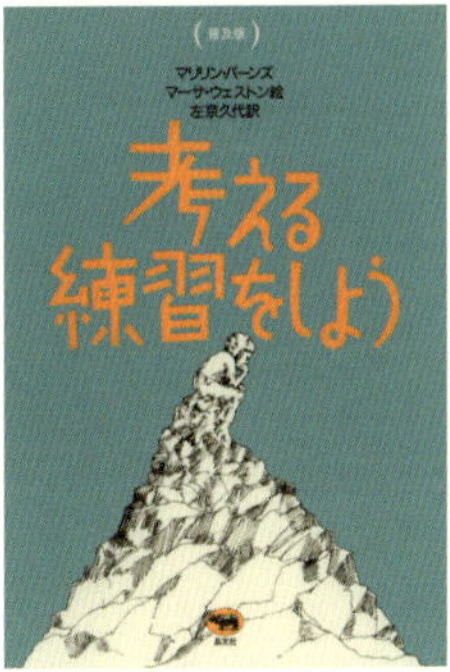

考える練習をしよう
マリリン・バーンズ／文
マーサ・ウェストン／絵　左京久代／訳
晶文社　1,300 円

「考える」行為とは何かを気づかせてくれる一冊。問題解決の方法や考えを深める方法などが満載。大人にも役立つ、頭に筋肉をつける本。

学校では教えてくれない大切なこと①
整理整頓
旺文社　850 円

子どもが苦手な整理整頓を漫画やイラストで楽しく解説。「決める力」「まとめる力」「続ける力」が必要など、大人も目からウロコ。

学校では教えてくれない大切なこと②
友だち関係 ～自分と仲良く～
旺文社　850 円

人間関係で最も大切なことは、相手を理解する前に、自分の気持ちを知ること。大人も苦手な「自尊心」の育み方をわかりやすく解説。

国語・算数・英語

子どもが新しい言葉や知識に出会うたびに「○○って何?」と聞かれることでしょう。そんなとき、「それはね」よりも「調べてみよう」と辞書や辞典を引く習慣を。自分から学ぶ姿勢はここから生まれます。

アルクの 2000 語 えいご絵じてん (新装版)

久埜百合／監修
アルク　4,200 円

子どもに身近な 2,000 語をちりばめた、絵本のように楽しめる英語絵じてん。充実の CD3枚付き。

考える力が身につく!好きになる
算数なるほど大図鑑

桜井進／監修
ナツメ社　2,800 円

小学校で習う算数を中心に、日常に隠れた算数や簡単に計算できる裏技などをイラストで解説。数に興味を持たせ、ゲーム感覚で楽しめる。

小学新国語辞典 改訂版
甲斐睦朗／監修
光村教育図書　1,713円

イラストが豊富な上、漫画での解説もあるので未就学児でも使いやすい。最初は親が、慣れてきたら子どもに引かせてみて。

小学新漢字辞典 改訂版
甲斐睦朗／監修
光村教育図書　1,713円

漢字に興味を持ち始めたら与えましょう。「漢字のなりたち」など、未就学児でも楽しめる内容から見せるとよい。

＼大人が見せてあげる本／

類語国語辞典
大野晋、浜西正人／著
角川書店　3,200円

意味別に引く国語辞典。子ども向けではないので、親が引く姿を見せると言葉への関心が高まる可能性が。

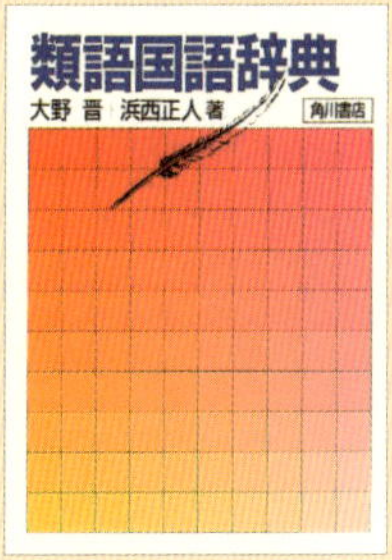

地図

家族旅行の計画などで「地名」が話題になったら、地図を開いてみましょう。勉強になってしまう前に「地理」に親しむことができます。果物や野菜の袋に書いてある産地を地図で見つける体験もおすすめです。

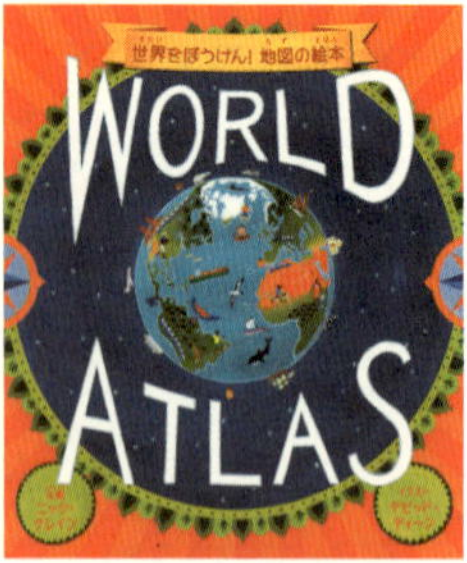

世界をぼうけん！ 地図の絵本
WORLD ATLAS
ニック・クレイン／文
デビッド・ディーン／絵
柏木しょうこ／訳
実業之日本社　1,800円

野生の生物や歴史的な建物、遊びやスポーツなどを地図上のイラストで解説。家庭での読み聞かせに最適。

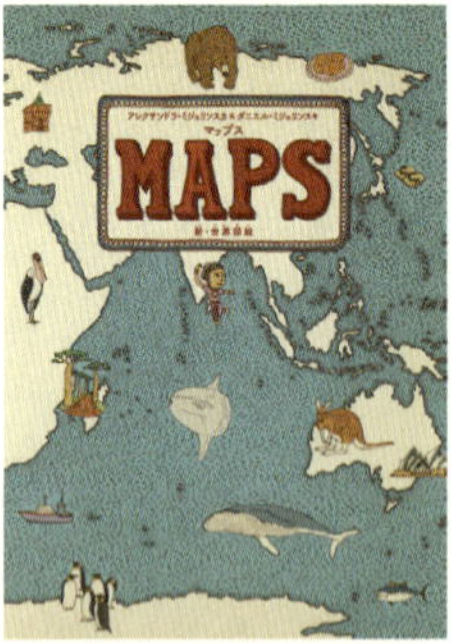

マップス 新・世界図絵
アレクサンドラ・ミジェリンスカ、
ダニエル・ミジェリンスキ／作・絵
徳間書店　3,200円

世界の国々の食べ物、有名な人物、動物、植物を地図上にイラストで表現。眺めているだけで楽しい一冊。

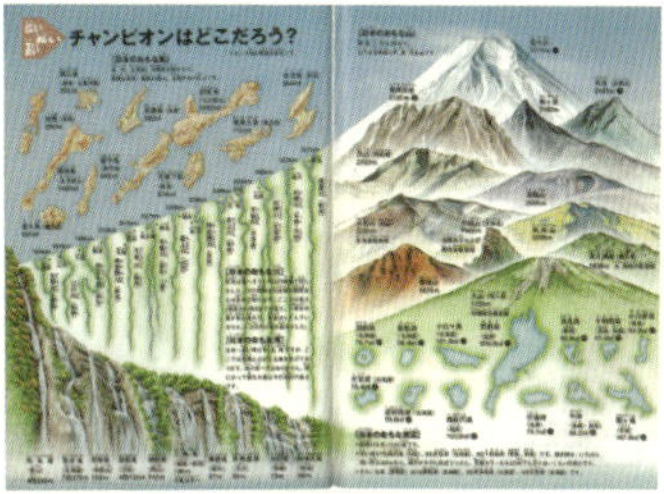

考える力がつく 子ども地図帳〈日本〉 深谷圭助／監修　草思社　1,800円

名産名所、地形など各都道府県の特色が表現されている。地名が話題になったとき、まずは親が地図を開き、特色などを説明することから始めて。いずれ子どもが自分から開き、自分で調べるようになるのを待とう。

\ 大人が見せてあげる本 /

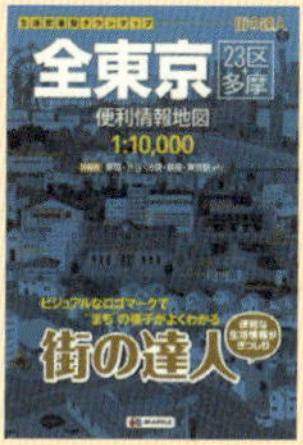

街の達人
全東京 便利情報地図
マップル　3,500円

大きな文字でスーパーや医療機関など、暮らしに役立つ情報も満載。自分の住む街を調べるときに。

新版プレミアムアトラス
日本地図帳
平凡社　1,500円

主要都市図、自然や市町村のデータ、山の標高などより詳しいデータが掲載されている。カラーで見やすく、中学生になっても使える。

[P98～111の商品について]

※価格はすべて税抜きです。

※副教材は書店もしくは出版社のHPから購入できます。

※掲載している情報は、2016年2月時点のものです。内容や仕様などが変更されている場合がございます。

第4章

子どもの力を伸ばす「遊び」

子どもの成長には〝よい遊び〟が必要

遊びが子どもの心を育てる

小学校に上がる前の子どもを賢くするには？　と聞かれたら、私は「思う存分、遊ばせること」と答えることでしょう。なぜなら、子どもにとって、遊びは成長のために不可欠なものだからです。

幼い子どもが公園に行き、落ち葉を集めて一心に並べている、そんな光景を思い浮かべてください。大人にしてみれば、ベンチに落ち葉を並べているだけに見えるでしょう。退屈に見えるかもしれないし、そんなことよりも向こうにあるおもしろそうな遊具で遊んだほうがよほど楽しい、と思うかもしれません。

しかし、子どもが見ているものは違います。それぞれの落ち葉の色や形の違いに驚いているのかもしれません。できるだけまっすぐ並べることに集中しているのかもしれません。ベンチに置いたときのかすかな音を楽しんでいるのかもしれません。

こうした**ひとつひとつの発見が、子どもの好奇心をかき立て、感受性を育むのです。**そして、それが脳を刺激し、活性化させます。

「アタマをよくする」というと、すぐに「勉強」と考えてしまう大人は少なくありません。まだ幼い頃から文字を教えようとしたり、外国語を覚えさせようとする親は、昔からいたものです。そして、そうした親が「教育熱心」と言われることもありました。

しかし、子どものアタマは「勉強」だけでよくなるものではありません。まず「おもしろい」と思うこと。「これをしたら、どうなるのか」と考え、試してみること。そしてそれらを通して新しい発見をすること。そうした刺激が、子どものアタマをよくするのです。そして、それらを日常的に体験できるのが、「遊び」です。

遊びを通じて育まれる「好奇心」と「感受性」は、よく伸びる子ども、将来幸せになれる子どもに絶対欠かせない要素です。

おもしろいものをいち早く見つけることができる、好奇心。

ささやかな事柄を感じ取り、味わうことができる、感受性。

このふたつを自然に育むのが、「遊び」なのです。

よく遊ばせるには、よいものを与える

子どもを賢く育てるには、よく遊ばせるのが最良です。しかし、ここで注意していただきたいのは、「遊び道具としてよいものを与える」ということ。子どものアタマを悪くするようなものは徹底的に排除し、アタマをよくするものを用意して、その上で自由に遊ばせることが必要なのです。

最近は「幼児教育に効果あり」と銘打った、タブレットなどを使ったゲームや、「子どもの五感を刺激してアタマをよくする」という触れ込みの映像教材がよくあります。

こうしたものを与えておけば、子どもは夢中になるし、かまってほしくて親にまとわりつくことがなくなるため、家事に集中できると便利に思う母親もいると聞きます。しかし、これは非常に残念なことです。

どんなによくできたゲームでも、あるいは美しくできた映像でも、それが「本物」でない限り、子どものアタマをよくすることはありません。これは、断言できます。

タブレットの中で世界中の珍しい建造物をつくることができるゲームより、**自分の手で単純な立方体や長方形体を積み上げて、ごく単純なタワーをつくるほうが、子どものアタマを刺激し、成長させるのです。**

親はまず、「よいもの」を子どもに与えなければなりません。その上で、子どもがやりたいようにやらせること。それが、「よく遊ばせる」ということなのです。

この章では子どもをどんなふうに遊ばせればよいか、そしてどんなおもちゃを与えればよいかを説明しましょう。

きっと、あなたの子どもが変わっていくはずです。

遊ばせ方で、子どもが変わる

熱中して遊ぶことが子どもを伸ばす

「子どもを遊ばせる」というと、親が一緒に遊んでやらなくてはとか、友達がいなければ、と思う親もいるようですが、ひとり遊びをたっぷりさせることも重要です。

子どもがひとりで遊んでいる姿を見ていると、その集中ぶりに驚かされることがあります。

熱中して遊んでいるとき、子どもはまるで別の世界に行ったかのように、何やらつぶやき続けていることがあります。積み木を電車に見立てて走らせている男の子が、ずっと電車の音や駅の放送の真似をしていたり、人形で遊んでいる女の子がいろいろな役になってセリフらしきものを一生懸命話していたりします。このとき、子どものアタマの中では積み木が電車そのものになり、人形が素敵なお姫様になっているのです。

まさに一心不乱という様子で、クレヨンで画用紙を塗りつぶしている子や、必死の表情で箱にボールを詰め込む子もいます。おかしな姿勢で、わざわざ不安定な場所に小さなものを並べているようなことも、よくあることでしょう。子ども自身は真剣で一生懸命になっているけれど、その行動にどんな意味があるか、大人にはまったく理解できないことがあります。

そうしたとき、つい「何をしているの？」と声をかけてしまう大人がいます。ときには、呆れたように笑いながら「もうやめなさい」と取り上げようとする人もいるでしょう。

しかしそれは、熱中して遊んでいる子どもに対し、最悪の対応です。それよりも**子どもの顔つきをよく見て観察してください。活性化したアタマの中で何かが起きている**ことが、必ず読み取れるはずです。何より大切なのは、観察することです。「放っておいては子どもは育たない」と先に述べたように、「自由に遊ばせておけばいい」というものではありません。子どもが何で、どんなふうに遊んでいるか、どんな様子なのかを観察してください。

そのとき、多少違った遊び方をしていても、それが本人や周囲に危険がない限り、そのままやらせておくことです。「違うわよ、こうするの」という対応は、子どもの中で火花が散るように起きている活性化を邪魔する行為だと覚えておきましょう。

輝く瞬間を見逃さない

子どもが遊びに集中しているとき、特に注意して観察していただきたいことがいくつかあります。まずは「何をやろうとしているのか」ということ。特に幼い頃は、子どもが熱心に取り組んでいるのがなんなのか、わからないことが多々あります。たとえばカップと積み木で遊んでいるとき、カップを積み木で満杯にしたいのか、積み木でタワーをつくってその上にカップを乗せたいのか、それとも積み木を人形に見立ててお茶会ごっこがしたいのか、それを見極めるのです。このとき、決して「何してるの？」と聞いてはいけません。じっと観察して、何がしたいのかを見るのです。

そして、前述しましたが、**子どもがうまくいかなくて試行錯誤を繰り返しているときは、決して手を貸してはいけません。ただ、見守ってください。**

そうしていると、まるでピカッと電球がまたたいたように、子どもが輝く瞬間が訪れます。「よい方法」を思いついた瞬間です。これを決して見逃さないようにしてほしいのです。

もちろん、本当に子どもがピカッと光ることはありません。それでも、その瞬間は表情のささやかな変化や手の動き、あるいは声など、さまざまサインが現れるはずです。「あっ」と小さな声を上げる子もいれば、突然動きが早くなる子もいるでしょう。もしかすると、「目の輝き」という抽象的なことかもしれません。しかし、子どもをよく観察していれば、その瞬間はきっと見つけられるはずです。

それこそ、「こうやればいいんだ！」「こうすればきっとうまくいく！」を発見した瞬間、子どもがひとつ賢くなった瞬間なのです。

しかし、たとえ「こうすればうまくいく！」とよい考えを思いついたとしても、幼くて手元がおぼつかないなど、さまざまな理由でうまく実行できないときがあります。何回挑戦してもうまくいかないとき、イライラしそうなとき、そうしたときに初めて「こうしてみたら？」と助言するのは、悪いことではありません。最初の一歩だけ手を貸すのも、このときならいいでしょう。

そして、これが最も重要なのですが、**ひとりでやり遂げたときはもちろんのこと、親の助言や手助けの結果できたときも、「すごいね！」「頑張ったね」と褒めましょう。**「すごく上手にできたね！」でも、「おもしろいこと考えたのね！」でもいいでしょう。

そのことで、子どもはまた一歩成長します。ぜひ、やってみてください。

また、子どもを伸ばす母親は、こうしたとき「さっき、すごく集中していたね！ お母さんびっくりしちゃった！」とキラキラした表情で伝える、ということも付け加えておきましょう。子どもが「集中する」ということを知る、貴重な瞬間になります。

◎遊びを通した「試行錯誤」が、子どもを伸ばす

やりたいことがあるけれど、どうしてもうまくいかない。そんなときは違う方法を試してみる。またうまくいかない。失敗する原因を考えてみて、ひょっとしたらこの方法は？　と試すが、また失敗。それでもまた違う方法を試してみる……。このプロセスが「試行錯誤」です。

あることを実現するために、**失敗を繰り返しながら、新しい方法を考え、試してみること、それは脳をフル回転させることにほかなりません。**それがたとえ「積み木で橋をつくる」ことでも、「詰んだ花を束にする」でも構いません。「こうしてみたい」と思いつき、「どうすればできるか」を必死に考えることが大切なのです。大人は、簡単にできる方法を知っています。だからといって安易に教えてしまうと、子どもから「試行錯誤」という脳が成長する絶好の機会を奪うことになります。

子どもは遊びを通して「試行錯誤」を繰り返し、どんどんアタマがよくなっていくもの。それを、親は決して忘れてはならないのです。

友達との遊びでしか学べないことがある

友達との遊びが能力を引き出す

子どもは試行錯誤を繰り返すことで新しいことを発見し、創造し、それらを通じてさまざまな能力を得ていきます。そのためにはできるだけ多く、自由に遊ばせることが最良だということは、もうご理解いただけたでしょう。

子どもをより賢くしたい、能力を引き出したいと思うなら、もうひとつ、絶大な効果をもたらす方法があります。

それは、「友達と遊ぶ」ということです。

子どもがひとりで遊ぶ中にも多くの試行錯誤がありますが、それはどこまでいっても「ひとり分の試行錯誤」でしかありません。しかし、**友達と一緒に遊べば、その試行錯誤は何倍にもなる可能性があります。**

子ども時代の私は、落ち着きがない問題児とされていました。しかし、友達は皆、私と遊びたがったものです。皆が口を揃えて「松永くんと遊んでいると、おもしろいことが次々と起こる」と言うほど、私は新しい遊びを思いつくことにかけては、誰にも負けませんでした。新しい遊びといっても、誰も知らない、まったくのオリジナルの遊びを発明するわけではありません（それではかえって皆がついてこれず、楽しめなかったことでしょう）。皆がよく知っている遊びと遊びを組み合わせてみたり、おなじみの遊びを一部変えてみるなど、「アレンジ」が得意だったのです。

自分では思いつかないことを友達が思いつく、それは**友達の発想を自分のものとして体験できる**ということです。ひとりでは見つけられなかったものが、友達を通して発見できたり、今まで目にも留めなかったことのおもしろさを友達を通して知るなど、友達と遊ぶことで得られるものは計り知れません。

それだけではありません。「自分のやりたいようにやっていると嫌われる」「ときには譲らなければならない」「険悪な空気になったとき、どう振る舞えばケンカせずに済むか」など、**生涯に渡って必要な人間関係の基本は、友達を通して身につくもの。**

友達がいつもより口数が少ないことに気づき、その心を察すること。友達が悲しい思いをしていると自分も悲しくなり、友達が嬉しそうにしていると自分も嬉しくなるというふうに、まわりへの共感力を伸ばしていくこと。そうやって子どもは心を成長させ、「いい人間」になっていくのです。

友達の力が伝染する

幼少期はさまざまな面で個人差が大きい時期です。たとえば逆上がりがすぐにできる子とそうでない子、自転車に乗れる子と乗れない子など、特に運動面でその差は顕著に現れます。それは、五感にもあてはまります。耳がいい子、嗅覚が優れている子など、伸びている部分はさまざまです。

そしておもしろいことに、友達同士で遊んでいると、それぞれの子の能力がまるで伝染するように伝わることが、よくあります。

たとえば、自転車や逆上がりなど、ちょっとしたコツを友達から教えてもらってできるようになったという例は、よくあることでしょう。

それだけでなく、たとえば遠くのほうで何かの音がするのを、ひとりの子が気づいたとします。その子が「ほら、向こうから聞こえてくるよ！」と伝え、耳を澄ませていると、最初は聞こえなかった音がほかの子にも聞こえるようになるのです。これは、仲のよい友達同士ならでは。**大好きな友達と同調することによって、相手が持っている力や感覚が身についていくのかもしれません。**

友達と遊ぶことが、子どもの能力を飛躍的に伸ばすのは、間違いないことなのです。

自然の中で遊べば子どもはどんどん伸びる

都会の子どもほど、自然が必要

今の親御さんたちが子どもだった時代、いや、もう少々前の時代、小学生は学校から帰るとランドセルを家の中に放り込んで、そのままどこかへ遊びに行ってしまったものです。野山を走り回ったり、川でザリガニ獲りをしたり、山登りをしたりと、体を使って自然と戯れた記憶があるのではないでしょうか。郊外の住宅街で自然環境が乏しかったとしても、公園の木に登ってみたり、虫を捕まえるなど、当たり前のように自然と触れ合って遊ぶ。それが子どものあるべき姿でした。

しかし、最近は自然と遊ぶどころか、外遊びさえ満足にしていない子どもが増えています。車が多くなり、交通事故が頻発するようになった、子どもが犠牲者となる犯罪が増えたなど、さまざまな要因で、子どもを外で遊ばせるのをためらう親が多くなっているのを感じます。

外遊びは、室内遊びに比べ、試行錯誤と発見の回数が格段に多くなります。

特に**自然の中で遊ぶことは、子どもの能力を飛躍的に伸ばしてくれる**のです。それなのに、外遊びや自然遊びの環境が整わないのは、子どもにとっても親にとっても悲劇ではないでしょうか。

都会で暮らしていると、自然からは遠ざかる一方です。住まいのまわりを見回しても木や土がほとんどない、あるのは街路樹くらい、という環境で子育てをする家庭は、これからどんどん増えていくことでしょう。

子どもが生まれたら、少しでもよい育児環境を求めて移住するという人もいます。しかし、それが現実的に無理だとするなら、休日には自然の中で遊べる場所に連れていくなど、工夫が大切です。特に、夏休みやゴールデンウィークなどの長期休暇は、子どもに自然体験をさせる絶好の機会です。

家族旅行をする際、その行き先にはどこかの観光地や遊園地などを検討するかもしれませんが、それよりも自然の中で遊べる場所に行くほうが、子どもにより多くの体験をさせることができるのです。

◎焚き火が子どもの力を伸ばす

子どもにさせるべき自然体験として、私が強くおすすめしたいのは、焚き火です。ただ火を焚くだけに思われるかもしれませんが、そこには驚くほど多くの技術が求められるのです。

まず、材料を見つけてくること。火を起こすための焚き付け材料と、焚き火を長く持たせるための燃料となる薪が必要です。この段階で、すぐに燃えるけれど火の持ちが悪いもの、火のつきは悪いけれど、持ちがいいものなどを見分けなければなりません。よく乾いた枯れ草が焚き付け材料にちょうどいいとか、針葉樹は繊維の密度が低くて火がつきやすい代わりに火の持ちが悪い、広葉樹は繊維の密度が高いため火がつきにくいけれど持ちはいいなど、さまざまなことを学べます。さらに、薪は細いものから太いものまでを用意することも、長く焚き火を楽しむために欠かせません。

材料を集めたら石を組んでかまどをつくり、焚き付け材料で火を起こします。空気が入るように隙間を開けながら薪を入れていくと、どんどん炎が大きくなっていきます。火が安定したら、何かを焼いて食べるのもいいし、ただじっと炎を眺めているのもいいでしょう。焚き火は、ずっと見ていても見飽きることがありません。

それは、**心になんとも言えない平穏をもたらします。日常生活ではなかなか味わえない安らぎや刺激が得られるでしょう。**

このように焚き火にはいろいろな体験を積むチャンスが秘められているのです。別にアウトドアの専門家になるわけではないし、薪のよし悪しなど見分けられなくてもよい、と思うかもしれませんが、それはとても残念なことです。

いい薪を見分け、燃やす順番を見極める観察力、うまく燃やすために何が必要なのかを考え、実践する行動力などが、子どもに得難い経験となって積み上げられていくのです。それは、勉強ができるようになるとか、成績が上がるということを超えて、子どもの脳を大きく活性化させてくれるのです。

また、炎をじっと見つめ、心を鎮める経験は、座禅に通じる精神の修養にもなります。

昔は空き地でも路上でも、どこでも焚き火をすることができました。しかし、今はたとえ自分の土地であっても、焚き火が禁じられています。だからこそ、休日には自然の中に出かけていき、河原やキャンプ場など、安全な場所で子どもに焚き火体験をさせてほしいのです。

天才と呼ばれる子どもや一流大学で意欲的に学んでいる学生の多くが、子ども時代に焚き火をして楽しんだ経験を持っています。普段の生活では味わえない体験を、子どもが幼いうちから楽しめるようにしてあげましょう。

↑焚き火は子どもの心と体、そしてアタマを大きく伸ばす最良の体験

おもちゃの選び方で子どもの賢さが変わる

親切なおもちゃはすぐ飽きる

親御さんたちが子どもだった頃とは違い、今のおもちゃは驚くほど進化しています。たとえば、プラスチック製のブロック玩具は昔からある定番のおもちゃですが、今や人気映画の世界がリアルにつくれるセットがあるなど、進化を遂げています。女の子遊びの定番、おままごとも、本物のキッチンを子どもサイズにしたかのようなリアルなものや、本当にお菓子ができてしまうおもちゃもあります。

このように、説明書通りにつくれば、誰でも完成度の高いものができるおもちゃは、いってみれば「親切なおもちゃ」です。それまでブロック玩具でスーパーカーをつくろうとしてもうまくいかなかったものが、セットを買い、説明書通りにつくればかっこよくつくれるのですから、満足感も高いと思うかもしれません。

しかし、「遊びでアタマを賢くする」という観点から見ると、このような「親切なおもちゃ」は効果的とは言えません。そこには「試行錯誤」もなければ、「創造性」もないからです。ブロックで車をつくろうとすると、どうしても無理があります。車特有の流線型は四角で構成されたブロックではつくれないし、窓やドアなどの細部を表現するのも不可能です。しかし、それでもどうしても車がつくりたいと思う子どもは、どうすれば車らしい形になるか、あれこれ工夫します。あるいは、どうしても車の形にすることができないと思ったら、「ここは窓、ということにして」など、**ないものは「あるつもり」、余分なものは「ないつもり」にして、遊びを続けます。**

女の子は特に「つもり」が得意です。たんぽぽの花びらをむしって「サラダ」にする、白っぽい砂をあつめて「ごはん」にする、ペットの猫を赤ちゃんにするなど、「つもり」

と「見立て」は女の子の得意分野といえるでしょう。

これらの想像力は「親切なおもちゃ」では到底伸びない力です。しかも、「親切なおもちゃ」は完成度の高いものが誰でもつくれる一方で、自分なりの工夫を加える余地がなく、一度つくったら満足してしまうなど、すぐに飽きてしまうのが大きな欠点なのです。

自由自在に遊べることが、よいおもちゃの条件

よいおもちゃの条件の中でも重要なのは「自由自在にさまざまな遊び方ができる」ということ。たとえば、大きな段ボールは秘密基地にも、キッチンにもトンネルにもなります。大きな布は、人形の布団やお姫様のドレス、細長く丸めればロープのようにして遊ぶこともできます。特に5歳までの幼い子どもには、「親切なおもちゃ」を与えるより、こうした自由度の高いものを与えて遊びの幅を広げるほうがよいでしょう。

自分なりの工夫や発見、ひらめきを試すことができ、子どもの好奇心も満たされます。そうすることで、どんなものでもおもちゃにしてしまう、子どもの才能が花開きます。

↑シンプルなものが、子どもの創造力をかき立てるおもちゃになる

おもちゃで遊ぶとき、子どものアタマで起きていること

子どもが活性化するおもちゃを見つける

子どもがおもちゃと出会ったとき、アタマではさまざまなことが起きます。まず、「このおもちゃはどんな形をしているか」を判断します（形態認識）。そしてこれが、「どんな仕組みのものか」を考えます（論理思考）。さらにいろいろと動かして、「どうやって遊べばいいか」を試します（試行錯誤）。そして、「こういう仕組みということは、きっとこうやって遊ぶんだ」と考えたり（連想力）、「こんな遊び方ができるはず」とひらめいたり（創造力）します。そして、その遊びを実現するために、力を加減したり、

配置を整えたりします（調整・制御・コントロール力）。さらに、それらがうまくいくように微妙な調整をし（バランス）、思ったところにぴったり収めたり、ちょうどよくきっちり当てはまるよう、集中して的を絞ります（ターゲッティング）。こうした段階を踏んで、子どもはどんどん深く集中していきます。

そして、**子どもが「高まり」の境地に入っていく過程を、親はしっかりと観察することが重要なのです。**まばたきすることを忘れたように目を見開く子どももいるでしょう。よだれが垂れるくらい口を開きっぱなしの子どももいるでしょう。それは「異様」な表情かもしれません。しかし、そこまで集中しているのです。そこに、高まりがあるのだということを、認識する必要があります。「あ～、なんて顔しているの！」などと口を出すのは、せっかくの集中や高まりを途中で断ち切ること。やられた子どもは気の毒というほかありません。実の親に、アタマがよくなるのを邪魔されているのですから。

何度でも繰り返しお伝えします。子どもの高まりを見つけてください。そして、アタマがよくなるその瞬間を、決して邪魔しないでください。

コンピュータが子どもを壊すこともある

◯スマートフォンのやりすぎはアタマを悪くする

電車に乗ると、まわりにいる人のほとんどがスマートフォンにじっと見入っている。街中で、スマートフォンをいじりながら歩いている。そんな光景が当たり前になってしまいました。ひと昔前、日本に来た外国人は、電車の中でサラリーマンが漫画を読んでいる光景に驚いたといいますが、今では漫画や週刊誌を読む人の方が少数です。

私のかつての教え子で、超がつくほど優秀な男の子がいました。彼は中学受験で難関の志望校に入ったとき、両親から入学祝いでスマートフォンを買ってもらったそうです。

ところが、彼は1ヵ月もしないうちに、それを両親に返してしまったと言います。理由を尋ねたところ、その答えが秀逸でした。

「電車の中でスマートフォンをいじっている人の顔を見たら、誰ひとりとしてアタマのよさそうな人はいなかった。そんな人たちの仲間に入るのなんか、まっぴらごめん」。

まさに、大正解。スマートフォンに熱中している人、特にゲームに熱中している人は、中学生に「アタマがよさそうに見えない」と言われても仕方のない顔をしています。

最近、いい大人がこうしたゲームに熱中している姿をよく見かけます。こんなことでしか時間を潰せない人、ストレスを解消できない人だと思うと痛々しい気持ちになりますが、問題なのは大人ではなく子ども。このところ、電車の中や公共の場で、子どもにスマートフォンやタブレットを渡し、ゲームをやらせている親を見かけるようになりました。こうすると子どもがゲームに熱中して静かにしているからよい、ということなのでしょう。

これは由々しき問題です。確かに、スマートフォンやタブレットを与えれば、子どもはたちまちゲームや映像に熱中して静かになるでしょう。しかし、そのとき、子どものアタマは確実に悪くなっていくのだということを、ひとりでも多くの親に理解してほしいのです。ポータブルゲーム、パソコンゲームも同じです。

これらのゲームは、とてもよくできています。こうしたものは、大人でも寸暇を惜しんでやってしまいたくなるようにつくられているのですから、子どもが熱中するのは当たり前です。しかし、プログラムされた以上のことは決してできません。たとえばゲームの中で「何かを使って穴を掘る」ということをするとなったら、その「何か」はプログラムされたものの中から選ぶしかありません。「小さな穴にしたいから、スプーンを使おう」と思いついたとしても、プログラムの中にスプーンがなければ使うことができません。こうした経験を繰り返しているうちに、**いつしか「用意されたものの中でしか発想ができない」状態になってしまう**のです。

常にコンピュータからの刺激を受け取るだけで、自分から何かしようとしない。それなのにこうしたゲームはうまくできているので、繰り返しやらずにいられなくなってしまいます。その結果、自分から働きかけることなく常に受動的で、ゲーム依存症と呼んでもいいくらいに、常にゲームをしていたくなるような人間になってしまう……。あなたの大事なお子さんがこんなふうに育ってしまったら、どう思いますか？

コンピュータは必需品だからこそ、使い方を考える

いくらコンピュータゲームがアタマによくないと言っても、今の時代、パソコンを使いこなすことは仕事だけでなく勉強にも欠かせません。スマートフォンやタブレットも同様です。しかし、どれも少し操作するだけで、ゲームやネットサーフィンなど、時間を浪費するものに変わってしまいます。幼い子どもが自分の意思で、これらの誘惑から逃れることは、ほとんど不可能でしょう。

いずれ、子どもがパソコンを使うようになるときはきます。**使わせる時間や、電源オン、オフは親が管理するなど、子どもがネット依存に陥らないようなルールを決めて使わせましょう。**

子どもを伸ばすおもちゃはこう選ぶ

発達段階に応じたおもちゃを選ぶ

幼少期の子どもは、遊びを通して運動能力や感覚がぐんぐん伸びていきます。だからこそ、この時期は子どもが持っている能力をより引き出すようなおもちゃを選ぶことが重要です。

おもちゃの選び方で忘れてはならないのは、まず安全で清潔であること。そして年齢や発達段階に合わせたものであることが大切です。「子どもの能力を伸ばしたい」という思いが強すぎると、子ども自身がまだ上手に扱えないおもちゃを与えてしまいがちです。それでは子どもは伸びません。**今の子どもの発達状況をよく見て、興味を引きそうなもので、「今はまだ少し難しいかもしれないけれど、ちょっと頑張ればできそう」というレベルのものを選ぶ**とよいでしょう。

特に1〜2歳は指先を上手に使って遊ぶものや、視覚や聴覚を刺激するもの、ごっこ遊びが楽しめるもので情操を育むものを意識するとよいでしょう。

3〜4歳になったら指先の動きも複雑に。ルールに沿ったゲームを楽しむこともできます。図形や数などにゲーム感覚で親しむのも、この頃から始めるとよいでしょう。

5歳以上になったら、集中力や洞察力を鍛えるボードゲームを始めると、一生楽しめる趣味が見つかるかもしれません。家族でゲームができれば、家庭での楽しみがさらに広がることでしょう。

おもちゃ

1～2歳

赤ちゃんの頃に大切なのは、感覚を育てること。手触りの違いや色の違いを楽しむことは、脳を刺激します。そして、この時期に指先を使うことで「集中する」ということを知るのも、大切です。

ボール遊び

ビッグオーボール
直径 15cm
リノトーイ　1,700円　Ⓐ

つかむ、振り回す、転がす、投げるなど0歳児からでも遊べる。赤ちゃんにも扱いやすく、初めてのボールにぴったり。

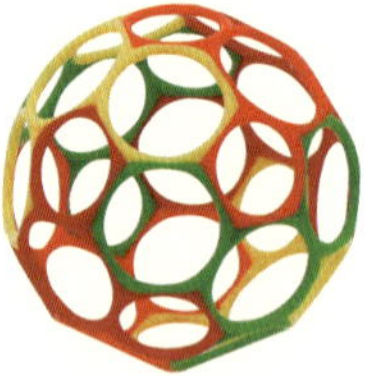

道具で遊ぶ

バッティ
23×9×12cm
レシオ　5,200円　Ⓑ

木製のトンカチで叩くと木の棒が引っ込む。すべて叩いたら裏返してまた叩く。自分の動作で音が出て、棒が動くのが楽しい。

※商品紹介は、商品名・サイズ・メーカー名・価格・お問い合わせ先の順で並んでいます。
※Ⓐ～Ⓩ、ⓐ～ⓑは各商品のお問い合わせ先（→P178）を示します。

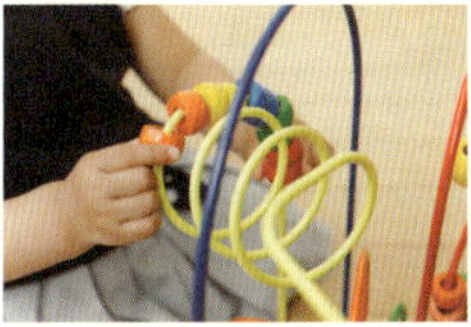

目で見て、手で動かす

ルーピング チャンピオン
38 × 32 × 26cm　ジョイトーイ　9,000 円　Ⓐ

カラフルなワイヤーに沿ってビーズを動かす。カーブの形によってビーズの動かしやすさ、速さも変わり、夢中になって楽しめる。

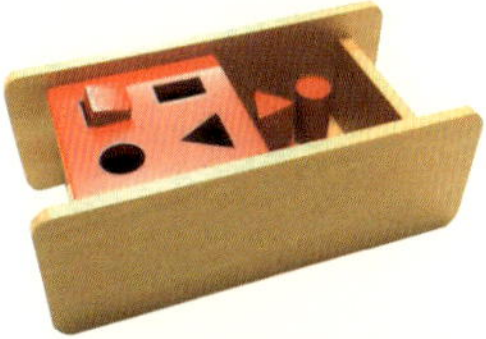

ぴったりを探す

フリップ式
ふたつき立体落とし箱
26 × 13 × 9cm
モンテッヒッポー　6,784 円　Ⓒ

円柱、立方体、直方体、三角柱の積み木をそれぞれにぴったり合う穴から落とす。同じ形を探す・形を合わせることで集中力が鍛えられる。

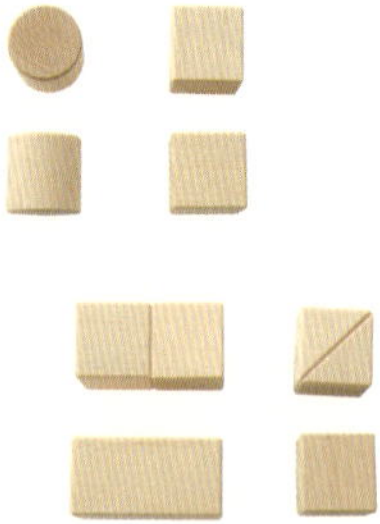

積み上げ、組み立てる遊び

オリジナル積み木 M 白木

30 × 44 × 4.5cm（ケース）40ピース入り　ボーネルンド　14,000円　Ⓐ

教育玩具の定番。初期は自然木の手触り、硬さが手の感覚を伸ばす。箱にはめ込み、積み上げ、組み立てることで図形の感覚を育む。

ブロック遊び

10572 レゴ® デュプロ みどりのコンテナデラックス

24×30×24cm（ケース）65ピース入り　レゴジャパン株式会社　4,583円　Ⓓ

幼児から大学生まで楽しめるブロック遊び。ピースが大きなものから始め、ものをつくる楽しさに触れる。物理の基本にも触れられる。

※ 2019 年時点、日本での取り扱いなし

LEGO, the LEGO logo and DUPLO are trademarks of the LEGO Group.
(c) 2016 The LEGO Group.

※商品紹介は、商品名・サイズ・メーカー名・価格・お問い合わせ先の順で並んでいます。

※Ⓐ～Ⓩ、ⓐ～ⓑは各商品のお問い合わせ先（→ P178）を示します。

つまんではめる簡単パズル

ピックアップパズル動物園

29×20.5cm
ボーネルンド　1,800円　Ⓐ

ピクチャーパズルがまだできない幼児に。指先でつまむ練習と形を認識する練習、狙いを定めてはめ込む練習ができる。

大きなブロックで遊ぶ

全身でブロック Neo

23×60×64cm（収納時）27ピース入り　ピープル　12,800円　Ⓔ

幼児でも自分で組み立てられ、中に入って遊べる大きなブロック。小さなブロックではまだ遊べない1歳児から遊べる。

積み上げ、重ねて図形の練習

ピンクタワー
1×1×1cm～10×10×10cmまで
10個
モンテッヒッポー　8,171円　Ⓒ

1辺が1cmから10cmまで、1cm刻みの10個の立方体。積み上げてタワーにして遊ぶうちに、大小・量などを学べる。

立方体の絵合せ

キューブパズル4ピース
おひさまのもり
10×10×5cm（ケース）4ピース
アトリエフィッシャー
3,000円　Ⓐ

6種類の異なる絵が描いてある4つの立方体を合わせ、絵を完成させる。くるくると回し、遊びながら、立方体を体で理解する。

磁石の力で組み立てる

ピタゴラス
ひらめきのプレート
41×10×33cm（箱）64パーツ
ピープル　12,000円　Ⓔ

三角形や四角形の磁石プレートをくっつけて形をつくる。平面だけでなく立体もつくれるようになる。図形の基本も学べる。

※商品紹介は、商品名・サイズ・メーカー名・価格・お問い合わせ先の順で並んでいます。
※Ⓐ～Ⓩ、ⓐ～ⓑは各商品のお問い合わせ先（→P178）を示します。

砂遊びで道具を使いこなす

幼児期の砂遊びは想像力だけでなく、友達との協調性も育める、またとない機会。さまざまな道具を使いこなすことで創造性も広がる。

バケツ

ケーファー　2,300円　Ⓑ

水をくんだり、砂を詰めて型抜きをするなど幅広く遊べる。

じょうろ

ケーファー　3,700円　Ⓑ

雨に見立てたり川をつくるなど、より創造的に遊べる。

ミニシャベル

ケーファー　750円　Ⓑ

砂遊びに欠かせないのが穴掘り遊び。固い土も掘れる。

ミニ熊手

ケーファー　850円　Ⓑ

シャベルとはまた違った穴掘りができる熊手。

砂ふるい　ケーファー　1,000円　Ⓑ

砂ふるいは子どもが好きな砂場遊び。

つまむ、入れる、揃える

ビーハイブ

直径 5×6cm　6 個セット
プラントイ社　3,400 円　Ⓖ

ハチを指や付属のピンセットでつまんで、ハチの色とあった巣に入れて遊びながら微細運動神経を発達させることができる。

ボタンの練習を遊びで

着衣枠 ボタンかけ（大）

29.5×29.5×1.5cm
モンテッヒッポー　2,419 円　Ⓒ

うまくできないボタンの開け閉めを練習できる教育玩具。他にチャックやひも、小さめのボタンなどさまざまな種類がある。

小さな穴にひもを通す

動物ひも通し

直径 13×13cm（ケース）17 個入り　ジェグロ　3,800 円　Ⓐ

動物の形をしたピースにひもを通して遊ぶ。ひも通しの集中力を鍛え、アクセサリーにしたり、ピースでごっこ遊びをする創造力も育む。

※商品紹介は、商品名・サイズ・メーカー名・価格・お問い合わせ先の順で並んでいます。
※Ⓐ～Ⓩ、ⓐ～ⓑは各商品のお問い合わせ先（→ P178）を示します。

ごっこ遊び

ボーネシェフ ベジタブル

20×25.5×9cm（パッケージ）
ボーネルンド　4,200円　Ⓐ

包丁でサクッと切る音と感覚が味わえる、木製の包丁と野菜セット。「本物みたい」な感覚がごっこ遊びをより創造的に。

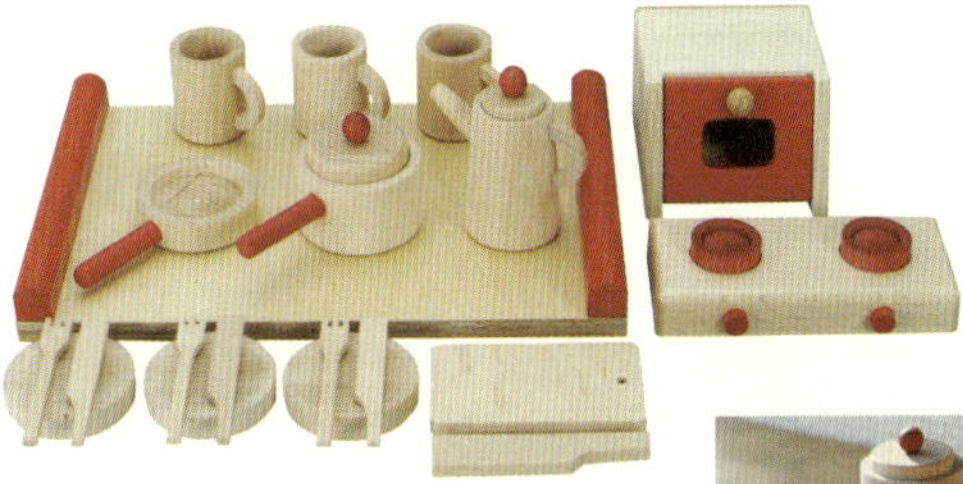

本物に近い遊び

オーブントースターセット

30×20×3.2cm（トレー）
ニチガン　5,000円　Ⓕ

自宅のキッチンで目にするものが揃ったおままごとセット。よりリアルなごっこ遊びで自分の世界に入り込める。

ドールハウス

人形の家（2階建て） 57×30×49cm
ドライプラッター　30,000円　Ⓑ

本物の家に近いつくりの人形の家は、遊びをより想像力豊かにしてくれる。家具や小物に至るまで、リアルにつくられているものがよい。

初めてのお絵描き

みつろうスティッククレヨン 12色（紙箱）
15.5×9×1.5cm（箱）
シュトックマー　2,150円　Ⓑ

天然のみつろうでつくられたクレヨン。口に入れてしまっても有害ではない。まだ絵が描けない時期でも色や形を楽しめる。

※商品紹介は、商品名・サイズ・メーカー名・価格・お問い合わせ先の順で並んでいます。
※Ⓐ～Ⓩ、ⓐ～ⓑは各商品のお問い合わせ先（→P178）を示します。

楽器

ハミングしたり叩いたりすることで音が出る楽器のおもちゃは、聴覚と手先の感覚を育む。できるだけ本物に近いものを選ぶとよい。

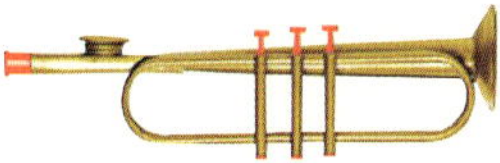

トランペットカズー

27×8×8cm
ナカノ　3,500円　Ⓗ

自分の声がラッパの音に変わる。何を言っているか当てっこしても。

カスタネット

直径6cm
ナカノ　1,000円　Ⓗ

リズムに合わせて叩いて楽しむ。初めての楽器にぴったり。

ミニマラカス レッド

13×4×4cm
ナカノ　1,400円　Ⓗ

手に持って振れば音が出て、簡単に音楽が楽しめる。

ベビードラム

直径16.5×15.5cm
ナカノ　3,500円　Ⓗ

音がよく響くたいこ。手で叩く強弱で音の違いを楽しんでも。

3～4歳

手先も器用になり、できることも増えてくる時期は、パズルなど少し難易度の上がったおもちゃが向いています。興味を示すなら、将棋などのゲームを始めるのもいいでしょう。

買い物ごっこをよりリアルに

はじめてのおままごと レジスター

18.3×22×14.7cm（本体）ウッディプッディ　6,600円　Ⓘ

ボタンやお金、スキャナーなど、細部まで本物のようにつくられた木製玩具。想像力がかき立てられ、ごっこ遊びにより熱中できる。

本物そっくりな工具

ボッシュ ツールボックス

32×15×21cm（ケース）

クライン　4,200円　Ⓐ

大人と同じものを使いたいという子ども心を叶える、本物そっくりな工具。実際に釘を打ったりボルトをはめたりでき、指先を鍛えられる。

※商品紹介は、商品名・サイズ・メーカー名・価格・お問い合わせ先の順で並んでいます。

※Ⓐ～Ⓩ、ⓐ～ⓑは各商品のお問い合わせ先（→P178）を示します。

お医者さんごっこがリアルに

お医者さんセット

22×26×9.4cm（ケース）
クライン　3,000円　Ⓐ

聴診器や注射器など、子どもが見慣れた医者の道具は、真似したいという子どもの欲求を満たす。想像力をかき立てるごっこ遊びに。

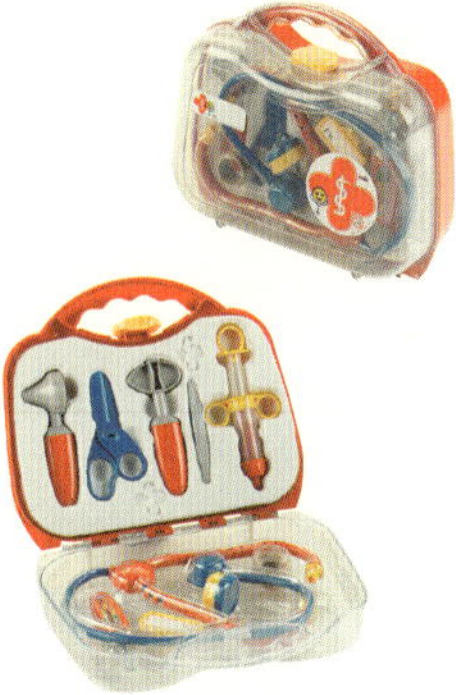

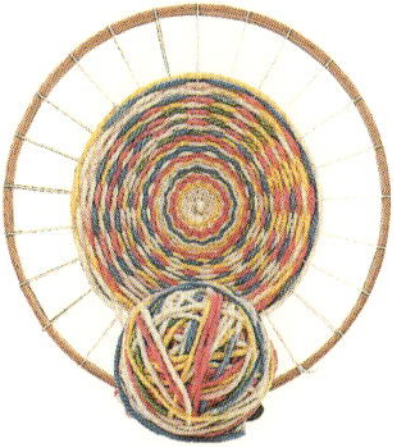

カラフルな織物を自分で

円形織機

直径21.5cm
ボレ　2,400円　Ⓑ

幼児期に指先を動かすことは、脳を刺激する。丸い織物がつくれる織り機は、力の加減でお椀型にもなる。好きな色の毛糸づくりで色彩感覚も養う。

指でコマを回す

こま 逆立ち

4×3×3cm
ケーファー　450円　Ⓑ

指先でくるっと勢いよく回すと逆立ちする、不思議なコマ。指先の感覚を鍛えるほか、コツをつかむための集中力を鍛える。

日用品で遊ぶ

はさんで！つないで！
せんたくばさみおもちゃ
ヒダオサム／著
PHP研究所　1,200円　Ⓙ

洗濯ばさみを使う遊びを紹介した本。おもちゃをつくったりバネの力を利用した工作など、身近な道具で遊ぶノウハウが満載。

※書店での取り扱いになります

切るという遊び

はじめてのきりえあそび
15×15cm（30枚入り）
トーヨー　200円　Ⓚ

線に従ってはさみを入れれば切り絵がつくれる折り紙。子ども用のはさみを使って指先の訓練にもなる。

時間の感覚をつかむ

砂時計
5×4×10cm
清見クラフト工房好刻　1,000円　Ⓛ

砂が落ちるのを眺めて楽しむほか、ゲームなどに使えば、時間の感覚をつかむことができる。歯磨きのときに使うのもよい。

※商品紹介は、商品名・サイズ・メーカー名・価格・お問い合わせ先の順で並んでいます。
※Ⓐ～Ⓩ、ⓐ～ⓑは各商品のお問い合わせ先（→P178）を示します。

音階を奏でる楽しさ

**マイパーフェクト
サイロフォン**

21×34.5×5cm
ナカノ　4,300円　Ⓗ

子どもも扱いやすいポプラ材の木琴。簡単な曲が弾けるようになれば、楽しさはさらに広がる。演奏の楽しさを知る第一歩に。

色鉛筆で微妙な色を楽しむ

グルーヴスリム 12色セット

リラ　800円　Ⓑ

三角グリップ鉛筆で持ちやすく、力を入れずによく描ける。さらにくぼみがついて滑りにくく、正しい持ち方が身につく。

絵本のような
ピクチャーパズル

**20ピースパズル
地球のいきもの**

9.5×13×5.5cm（パッケージ）
イーブー　950円　Ⓐ

物語性のある絵柄が完成するピクチャーパズル。集中力、忍耐力を鍛える効果も。子どもが遊びやすい大きめピース。

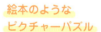

体の仕組みを遊んで覚える

人体パズル 男の子　28×14×2cm　ベルダック　3,000円　Ⓐ

頭、腕、上半身、下半身、足にパーツが分けられ、ひとつはずすごとに筋肉や内臓、骨の仕組みがわかるパズル。

図を合わせて模様をつくる

脳活キューブ　3×3×3cm（キューブ）　エド・インター　2,900円　Ⓜ

さまざまな図が描かれた25個のキューブを組み合わせて、模様をつくる。テキストを参考に初級から始められるので、幼児も楽しめる。

※商品紹介は、商品名・サイズ・メーカー名・価格・お問い合わせ先の順で並んでいます。
※Ⓐ～Ⓩ、ⓐ～ⓑは各商品のお問い合わせ先（→ P178）を示します。

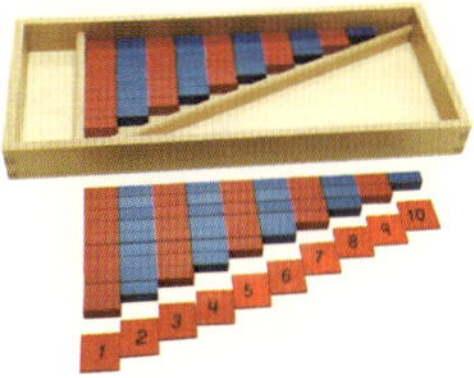

算数の基本を遊びで学ぶ

数字板と玉（箱入り）

25×10×4.2cm（箱）
モンテッヒッポー　4,027円　©

1～10の数字板と56個の玉がセットに。数と数字を合わせたり、「合わせて何個？」と足し算の基礎を学んだりと、算数の練習に。

算数を始める前に

小さい算数棒セット

36.6×16.7×3.7cm（箱）
モンテッヒッポー　5,046円　©

1～10までの数字と棒の数を合わせて並べたり、ふたつの数を合わせて数えるなど、十進法、足し算の理解の準備に。

立体パズル積み木

シクセル

5×5×5cm　6ピース　WIN&CO　1,350円　Ⓛ

組み立てると立方体になる積み木パズル。立体の仕組みを理解し、楽しむことで図形に強くなる。指先の鍛錬にも。

「三角形」を理解する

小さい構成三角形

27×41.5×4cm（トレー）
モンテッヒッポー　9,166円　Ⓒ

長方形、三角形、六角形の箱に三角形のピースを用いて、さまざまな図形を構成する。図形の基礎となる三角形を理解する。

立体の感覚を身につける

幾何学立体（トレー付き）

33.5×23.5×5.2cm（トレー）
モンテッヒッポー　10,731円　Ⓒ

球、円柱、円錐、立方体などの幾何学立体の10点セット。投影板5種類もついている。理解しづらい立体を、感覚的に学べる。

※商品紹介は、商品名・サイズ・メーカー名・価格・お問い合わせ先の順で並んでいます。
※Ⓐ～Ⓩ、ⓐ～ⓑは各商品のお問い合わせ先（→P178）を示します。

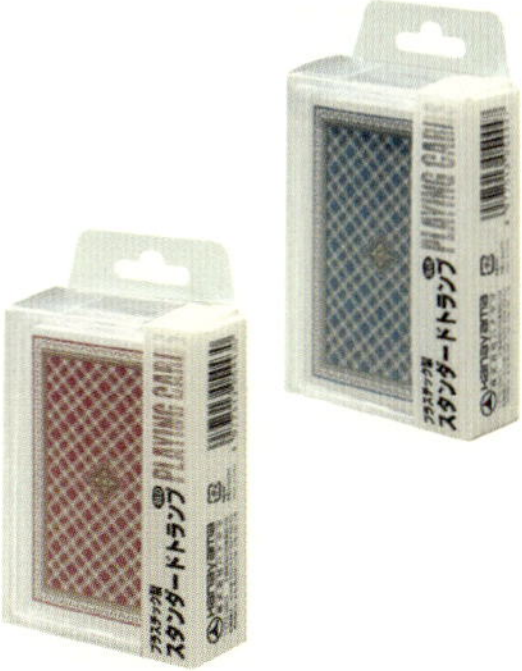

ゲームの基本はトランプで

スタンダードトランプ

6.6×9.6×2.5cm（パッケージ）
ハナヤマ　680円　Ⓝ

友達や家族とのゲームだけでなく、ひとりトランプをいくつか覚えておくと、ひとり遊びの時間が充実する。トランプの本を買うのもおすすめ。

初めての将棋に

どうぶつしょうぎ

20.5×16×4cm（箱）　幻冬舎　1,429円　Ⓞ

3×4マスのボードに、動物が描かれた4種のコマを使った簡易将棋。それぞれのコマには動ける向きが書いてあるので、子どもにも簡単。

積み木で遊びながら文字に親しむ

かな積み木

23.5×43.5×8.7cm（箱）積み木 54 ピース、プレート 10 枚
ボーネルンド　14,500 円　Ⓐ

まだ文字の学習を始めるには早い年齢は、遊びながら文字に触れるのもよい。絵のプレートを使い、文字合わせをする遊び方もできる。

お風呂ポスターで文字に触れる

おふろでおぼえる

（ひらがな・カタカナ・アルファベット ABC）
78.8×54.5cm　JTB パブリッシング　各 800 円　Ⓟ

親子での入浴は大切なスキンシップの時間。このときに文字の学習を入れるのも効果的。無理に教えようとせず、遊びながら取り入れるとよい。

※商品紹介は、商品名・サイズ・メーカー名・価格・お問い合わせ先の順で並んでいます。
※Ⓐ～Ⓩ、ⓐ～ⓑは各商品のお問い合わせ先（→ P178）を示します。

パズル遊びで地図に親しむ

ゲーム&パズル 日本地図

42×35×4cm（パッケージ）ハナヤマ　2,800円　Ⓝ

パズルで遊びながら、自然に都道府県の名前と位置を覚えることができる。日本一周旅行ゲームもできる。

地球儀で遊ぶ

UD銀波スチール台

29×29×40cm（パッケージ）
株式会社渡辺教具製作所
12,000円　Ⓐ

自分が住んでいる場所、物語に登場する場所など、成長に合わせて地図への興味を高める。成長したら場所当て遊びなどをしてもよい。

5歳～小学生

5歳を過ぎると、子どももできること、やってみたいことが増えていきます。以前からパズルなどに親しんでいたら、この時期は難易度の高いパズルにチャレンジしても。ボードゲームもおすすめです。

2×2のルービックキューブ

ルービックキューブ2×2 ver.2.1

4.6×4.6×4.6cm　メガハウス　1,380円　Ⓡ

手先や推理力を鍛える、1面が4パーツのルービックキューブ。子どもでも扱いやすい大きさで「できた！」を体感させられる。

ルービックキューブ®はメガハウスの登録商標です。
Rubik's® Used under licence Rubiks Brand Ltd. All rights reserved.

※商品紹介は、商品名・サイズ・メーカー名・価格・お問い合わせ先の順で並んでいます。
※Ⓐ～Ⓩ、ⓐ～ⓑは各商品のお問い合わせ先（→ P178）を示します。

手先を使う遊びで集中力も養う

慎重に狙いをつけるけん玉、糸を正確に巻く技術が必要なコマ、ヨーヨー、放り投げたものを受け止めるお手玉。いずれも子どもの能力を高める遊びとして、古くから伝わるおもちゃ。けん玉とヨーヨーは世界的に流行中で、大会もある。

木製フィットけん玉
13.5×6.85cm　玉：直径5.3cm
アーテック　650円　Ⓠ

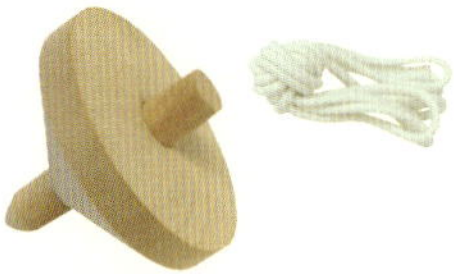

木製コマ（無着色）
直径6.5cm
アーテック　320円　Ⓠ

木製ヨーヨー
直径5.7×3.2cm　ひも：70cm
アーテック　350円　Ⓠ

お手玉５色組
3.5×3.5×5cm
アーテック　800円　Ⓠ

球体のパズル

ロンポス101

14×8×2.2cm（ケース）
ハラブレックス　1,500円　Ⓤ

さまざまな形でつながった4個の球体をケースにはめる。ピラミッド型をつくる遊び方も。試行錯誤を繰り返しながら、集中力を鍛える。

7つのピースで形をつくる

WOODY STYLE ラッキーパズル

14×10.8×1.8cm
ハナヤマ　1,500円　Ⓝ

形の異なる7つのピースを組み合わせてさまざまな形をつくる、古典的なパズル。集中力が鍛えられ、図形の理解が進む。

パズル遊びの定番！

ペントミノ

10.7×10.7×1.2cm
テンヨー　500円　Ⓥ

正方形がさまざまな形で5個つながったピースを、ケースにはめるプラパズル。推理し、集中し、試行錯誤するおもしろさを満喫。

※商品紹介は、商品名・サイズ・メーカー名・価格・お問い合わせ先の順で並んでいます。
※Ⓐ～Ⓩ、ⓐ～ⓑは各商品のお問い合わせ先（→P178）を示します。

基本のパズルで楽しむ

パズルをやれば算数の成績が
グンと上がる！
松永暢史、星野孝博／著
扶桑社　1,600円　Ⓢ

7個のピースで構成され、さまざまな形をつくるパズル、タングラムと遊び方が付いた本。試行錯誤と達成感から「思考」の方法が学べる。

※書店での取り扱いになります

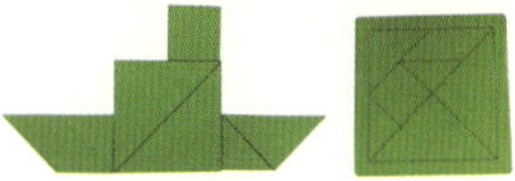

サイコロで計算遊び

暗算・算数に遊びながら強くなる
びっくりサイコロ学習法
変形12面体＆20面体サイコロつき
松永暢史／著
主婦の友インフォス情報社　1,600円　Ⓣ

変形サイコロが付いた本。サイコロを回して遊びながら「ふたつの出た目を足す」など、計算の練習へと移行。計算の速さを競うなど、遊びを発展させて。

※書店での取り扱いになります

論理的思考能力を養う

頭のよくなるゲーム アルゴ
8.3×16.2×3.8cm（ケース）
カード24枚、ポイントチップ40枚
学研プラス　1,428円　Ⓦ

算数オリンピック委員会が開発したカードゲーム。集中力、記憶力、分析力が身につき、脳のトレーニングになる。

カードゲームの定番

ウノ
マテル・インターナショナル
980円　Ⓧ

大人から子どもまで楽しめるカードゲーム。全国大会があるなど、本格的。戦略を立てる力が身につき、論理的思考のトレーニングに。

初めての本格ボードゲームに

マグネチック キングダイヤモンド
26.5×14×4.3cm（箱）
ハナヤマ　2,500円　Ⓝ

敵のコマを飛び越えながらゴールを目指すダイヤモンドゲームは、ボードゲームの定番。戦略を立てる思考力が鍛えられる。

※商品紹介は、商品名・サイズ・メーカー名・価格・お問い合わせ先の順で並んでいます。
※Ⓐ～Ⓩ、ⓐ～ⓑは各商品のお問い合わせ先（→P178）を示します。

ひとりの時間を楽しむ

ソリティア デラックス

直径30cm
7,800円 Ⓛ

古くからある、ひとり用のボードゲーム。中央の玉を取り除いてから開始。玉を飛び越し、飛び越した玉を取り除いていく。推理力を鍛える。

遊びながら時計に親しむ

ラーニングクロック

13×13cm
ラーニング・リソーシーズ 1,200円 Ⓐ

長針を動かすと連動して短針が動く、本格的な時計おもちゃ。「おやつの時間は?」など、質問しながら遊ぶと時間の感覚も身につく。

ろうそくを灯して遊ぶ

森の影ゲーム

38.5×58.5cm(ボード) ワルタークラウル 7,500円 Ⓑ

ろうそくの光でできる木の陰を使って、ふたつのゲームが楽しめる。必ず大人と一緒に遊ぶこと。ろうそくの灯が心を落ち着かせる。

初めての天体望遠鏡

天体望遠鏡 MEADE AZM-70（星空散歩付）
本体 2.7kg　ケンコー・トキナー　16,000円　Ⓐ

口径が大きく手ぶれが起きにくい、屈折式で扱いやすい初心者向けの天体望遠鏡。絶対に太陽を見ないなど、注意が必要。

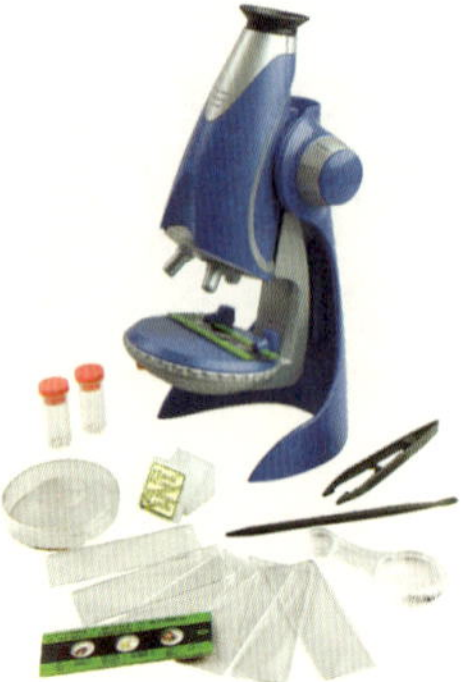

子どもでも簡単！

ハンディ顕微鏡
11×23×12cm
エデュトーイ　3,700円　Ⓐ

100～450倍の3段階に調節でき、使い方も簡単な顕微鏡。ライト付き。ミクロの世界を観察し、科学への好奇心をかき立てる。

※商品紹介は、商品名・サイズ・メーカー名・価格・お問い合わせ先の順で並んでいます。
※Ⓐ～Ⓩ、ⓐ～ⓑは各商品のお問い合わせ先（→ P178）を示します。

ちょっと本格的な虫捕りに

昆虫採集キット
15×21.5cm（本体）
エデュトーイ　3,000円　Ⓐ

虫取り網、虫眼鏡、ピンセットなどがセット。拡大レンズと目盛り付きのカップに捕まえた虫を入れれば、さらに詳しく観察ができる。

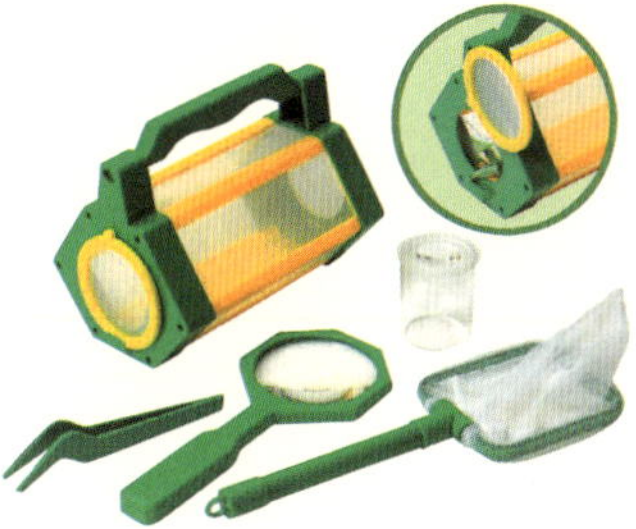

子どもが好む鮮やかな色彩

水彩絵の具 13色缶　シュトックマー　3,400円　Ⓑ

クレヨン、色鉛筆の次に与えたい水彩絵の具。濡らした筆で固形顔料を溶いて使うので、小さな子どもでも扱いやすい。

指を使った織り機

角型織機

30×5×23.5cm

おもちゃ箱　4,200円　Ⓑ

毛糸やリボン、ひもなどを使った織り機。縦糸の間隔など、子どもの指でもつくりやすい仕様。完成した織物で小物などをつくることも。

遊びながら古典に親しむ

小倉百人一首歌かるた
標準読札 取札セット

16×19.5×4cm（箱）

京都大石天狗堂　5,000円　Ⓨ

古典の音読は、国語力を伸ばす絶大な効果がある。幼い頃は、古典を音で聞き分ける百人一首が効果的。読み上げるときは大きな声で。

ことわざが楽しい

いろはかるた

12×9.3×7cm（箱）

エンゼルプレイングカード

900円　Ⓨ

遊びながらことわざが覚えられるかるた。厚手の札、柔らかい色調の絵など、本格派のつくりは子どもの興味も引きつける。

※商品紹介は、商品名・サイズ・メーカー名・価格・お問い合わせ先の順で並んでいます。
※Ⓐ～Ⓩ、ⓐ～ⓑは各商品のお問い合わせ先（→P178）を示します。

一度マスターすれば一生遊べる

チェス、将棋、囲碁は昔から親しまれ、プロもいる本格的なボードゲーム。子どもの頃から親しめば一生楽しむことができる上、論理的思考能力、戦略を立てる力が身につく。いずれも身近に教えてくれる人がいるとよい。チェス、将棋は勝敗がつくので、子どもでも親しみやすいともいわれる。

マグネチック
キングチェス
26.5×14×4.3cm
ハナヤマ　2,500円　Ⓝ

囲碁セット
42×46cm
囲碁ラボジャパン　3,288円　Ⓨ

本格将棋
33×29.4×4cm
ハナヤマ　オープン価格　Ⓝ

頭脳ゲームといえば、これ

本格リバーシ

35.8×29×4cm　ハナヤマ　オープン価格　Ⓝ

単純なルールながら奥深いボードゲーム。論理的思考、集中力、コミュニケーション力などを養う。

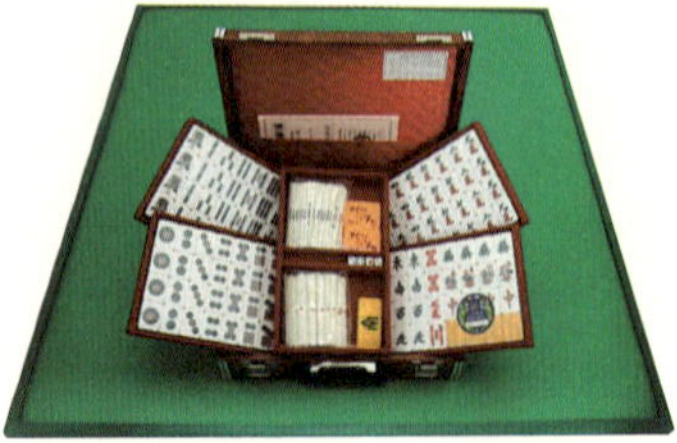

駆け引きと論理性

DX麻雀マット、麻雀牌四喜和のセット

69×69cm（マット）、25×21×7.5cm（ケース）囲碁ラボジャパン　10,300円 Ⓨ

指先巧緻《こうち》性、論理的思考力、集中力、駆け引きが必要な頭脳ゲーム。４人で行うものだが、３人で行うことも可能。家族で楽しむとよい。

※商品紹介は、商品名・サイズ・メーカー名・価格・お問い合わせ先の順で並んでいます。
※Ⓐ～Ⓩ、ⓐ～ⓑは各商品のお問い合わせ先（→ P178）を示します。

アジア諸国の国民的ボードゲーム

アジアで生まれ、欧米に広がったカロム（キャロムともいう）。ボードの上でパック（チップ）を弾き、穴に落とすビリヤードの原型のような遊び。指先の神経を鍛えるほか、集中力をつけ、反射角と入射角を理解して数学的頭脳を鍛える効果も。世界大会もある。

カロム盤（競技用、一式セット）
60×60cm
巧房 OLD and NEW　15,000円
ⓩ

キャロムボード
スタンダードサイズ盤（一式セット）
88×88×4cm
六角堂　44,444円　ⓐ

世界最古のボードゲーム

バックギャモン
MGM M ボード
22×38.2×5.9cm（ケース）
マツイ・ゲーミング・マシン
5,940円　ⓑ

すごろくの原型といわれるゲーム。戦略、予測を立て、相手を読む力がつく。世界中で親しまれ、どこででも楽しめる。

[おもちゃ　お問い合わせ先]

Ⓐ株式会社ボーネルンド　http://www.bornelund.co.jp

Ⓑおもちゃ箱　http://www.omochabako.co.jp

Ⓒモンテッヒッポー　http://montehippo.com

Ⓓレゴジャパン株式会社　https://www.lego.com/ja-jp

Ⓔピープル株式会社　http://www.people-kk.co.jp

Ⓕ株式会社ニチガン　http://www.nocorp.co.jp

Ⓖプラントイジャパン株式会社　http://plantoysjapan.co.jp

Ⓗ株式会社ナカノ　http://www.nakano-music.co.jp

Ⓘ株式会社ディンギー　http://www.woodypuddy.com

Ⓙ株式会社 PHP 研究所　https://shop.php.co.jp

Ⓚ株式会社トーヨー　http://www.kidstoyo.co.jp

Ⓛつみきや　http://tsumikiya.jp

Ⓜ株式会社エド・インター　http://www.ed-inter.co.jp

Ⓝ株式会社ハナヤマ　http://www.hanayamatoys.co.jp

Ⓞ株式会社幻冬舎　http://www.gentosha-edu.co.jp

Ⓟ株式会社 JTB パブリッシング　http://www.rurubu.com/book

Ⓠ株式会社アーテック　http://www.artec-kk.co.jp

Ⓡ株式会社メガハウス　https://www.megahouse.co.jp

Ⓢ株式会社扶桑社　http://www.fusosha.co.jp

Ⓣ株式会社主婦の友インフォス情報社　http://www.st-infos.co.jp

Ⓤ株式会社ハラプレックス　https://www.haraplex.co.jp

Ⓥ株式会社テンヨー　http://www.tenyo.co.jp

Ⓦ学研　http://hon.gakken.jp

Ⓧマテル・インターナショナル株式会社　http://www.mattel.co.jp

Ⓨ有限会社囲碁ラボジャパン　http://www.igolabo.jp

Ⓩ日本カロム協会　http://www.biwako.ne.jp/~carom

ⓐ六角堂　http://www.rokkakudoh.com

ⓑ株式会社マツイ・ゲーミング・マシン　http://www.matsui-gaming.co.jp

[P146 ～177 の商品について]

※価格はすべて税抜きです。

※掲載している情報は、2016 年２月時点のものです。内容や仕様、取り扱い先などが変更されている場合がございます。

第5章

やる気を伸ばすのは「家族の力」

子どものベースは「家族」にある

幸せな子どもは幸せな家族から生まれる

子どもの能力を伸ばし、賢く育てるためにはいろいろな手段がありますが、中でも特に大きな影響を与えるのは「家族」です。

まだ身のまわりのことも仕事もできない子どもは、自分ひとりでは生きていくことができません。自分を守ってくれる「家族」の存在と、自分を含めた家族全員が平穏に暮らせる「家庭」がなければ、存在することさえ危うくなってしまうのです。

最近、子どもが悲惨な事件に巻き込まれるニュースが後を絶ちません。痛ましい出来事に胸が痛くなるばかりですが、なぜそんなことになったのかを見ていくと、その背景に複雑な家庭環境がある例が多いという現実につきあたります。

親が、親としての役割や責任を十分に果たしておらず、不適切に放置された子どもが事件に巻き込まれるというケースが増えているように見えます。

その一方で、支配的な親が子どもを縛り付け、必要以上に干渉した結果、トラブルや事件を起こしてしまうというケースもあります。

こうした事件は、もちろん特殊なケースです。しかし、ここから「子どもの幸・不幸は、家庭や親次第」という事実が浮かび上がってくるのではないでしょうか。

親がどのように子どもに接するか、どのような家族関係をつくるかが、子どもの成長に大きな影響を与えるのは、言うまでもありません。

幸せな子どもに育てたい、賢い子になってほしい、主体性のある子どもになって、輝く未来を手に入れてほしいと願うなら、そのベースはよい家庭にあるのです。

○よい家庭には役割分担と伸びる環境がある

では、よい家庭とはなんでしょう。

人によっては「いい家庭」という言葉から、経済的に恵まれた家を想像するかもしれません。もちろん、金銭に不自由がないほうがいいに越したことはありませんが、経済状況はさほど大きな問題ではありません。

大切なのは、親の人柄や子どもへの接し方、家庭内での役割分担なのです。両親はどのような人柄か。両親はバランスよく役割分担をしているか。祖父母はどのように子どもに接しているか。

子どもにとって居心地のよい家庭ほど、よい家族関係が築かれています。そうでなければ毎日が不安で、やりたいことをやろうとする気さえ起こりません。

家に帰れば家族がいて、ホッと安心できて、穏やかな気持ちになる。

困ったときには家族の誰かに聞いてもらえたり、助けてもらえるという信頼感がある。

何をしても大丈夫だと信じていられる、どんなことをしても受け入れてもらえる。

そういった**安心感があるから、子どもは「何かをしよう」と好奇心の赴くままに動けたり、新しいことに挑戦する意欲が湧いてくる**のです。

そしてもうひとつ、子どもを伸ばそうと思うなら、家庭には「それぞれが主体的に考える環境」がほしいと思います。

そのためには、日々の過ごし方を家族で話し合って決めたり、普段の生活の中で疑問に思ったことを調べて確かめに行くなどの具体的な体験をしましょう。

そうやって育った子は、将来自分がどのような仕事につきたいかも考えられるようになります。

主体的に自分で考える習慣は、まさに家庭の環境でつくられるといえます。

これまでの章では、「家（家具や本、おもちゃ）」という、ハードの環境を変えることを提案しました。

この章では「家族・家庭」というソフトの環境を変えることをご提案します。

夫婦円満が子どもの主体性を伸ばす

夫婦仲がよければ、子どもは安定する

たとえば周囲の状況が荒れていて、心も体も落ち着かない日々が続いていたとしたら、どんな人でも目の前のことに集中するのが難しくなるでしょう。「何かをやりたい」という気持ちも、持ちにくくなります。

それは、子どもも同じです。「勉強をしよう」という気持ちはもちろんのこと、「遊ぼう」という気力が湧いたり、「何かおもしろいことはないかな?」と好奇心を持って動こうとするとき、それは周囲の状況が安定していて、落ち着いていることが必要です。

子どもが「平穏」で「落ち着いた」と感じられるのは、**「自分の家が落ち着ける場所になっていること」**が重要だと、前項で述べた通りです。

こうした場があるからこそ、子どもは自分の持っている能力を最大限に発揮し、いろいろな経験を積むことができるのです。

では、「落ち着いた家庭」の条件とは、なんでしょうか。

それは、**「夫婦の関係がよく、安定していること」**にほかなりません。

どんなに経済的に安定していても、どんなに物質的に恵まれていても、夫婦が円満でなければ、子どもにはマイナスです。

夫婦仲が冷え込んでいて、いつもどちらかがピリピリしている。家族が揃う機会が少なく、たまに全員揃ったとしても夫婦の会話がなく、目を合わせたり微笑みを交わすことがない。父と母のどちらか、あるいはどちらとも、お互いがいないときに悪口を言う。

こうした状況に置かれた子どもは、常に両親の顔色を伺うようにして過ごすようになります。

そして、特に幼い場合は、夫婦間の橋渡しをするように振る舞うこともあります。

どのような家庭でも、子どもは両親に仲良くいてほしいのです。そうでないと、ふたりの間から生まれた自分の存在そのものが危うくなってしまうと、子どもは本能的に感じるのです。

親といえど、人間です。さまざまな事情はあるでしょうし、どうしてもパートナーに優しくできないときもあります。相手に対して平穏な気持ちを持ち続けるのが難しいときも、きっとあるでしょう。それは仕方のないことです。

しかし、親となったからには、子どもの前で険悪な空気をつくるのは、控えていただきたいと思うのです。夫（妻）に対する理不尽な思いを耐え忍べ、というわけではもちろんありません。

ただ、**子どもの前では円満な雰囲気を心がけること。**

それが子どもに安心感を与え、自分から積極的に学ぶ力を育てます。

夫婦仲をよくすることは、子どもの主体性を伸ばすためにできる、大きなプレゼントにもなるのです。

「お母さん」の存在が子どもの心の支え

◯「お母さん」の役割を忘れない

子どもにとって家族の中で、世界中で最も重要な存在が、「お母さん」です。衣食住が十分に足りていても、ほかの家族が自分のことを十分に世話してくれたとしても、物足りません。なんらかの事情で母親がいない子どもを除いて、ほとんどの子どもは「お母さん」という存在が薄いと感じるだけで、不安定になってしまうのです。

もし、祖父母や親戚、夫のほうが子どもと一緒にいる時間が長かったり、子どもの世話や家事が得意だったとしても、子ども自身は「お母さんでなくちゃ」と思ってしまう、それが子どもというものなのです。

幼い頃に母親に十分に甘えさせてやることが、子どもの心を落ち着かせ、成長を促します。

子どもが甘えたいときに、無条件に甘えさせてやること。それが母親が持つ重要な役割だということを、しっかりと認識していただきたいと思います。

そして子どもは、一直線に成長するわけではありません。成長とともに甘えてこなくなった子が、ある日突然、甘えてくることがあります。反抗期の真っ只中でも、そうしたときが訪れることはあるでしょう。

そうしたときは、何も言わず、ただ甘えさせてやることが大事です。理由など、本人にもわからないのですから、問いただして子どもの心を傷つけるようなことはやめましょう。黙って受け止めてあげることで、子どもの心は安定し、またひとりで頑張る気持ちを取り戻します。そのことを忘れないでおきましょう。

祖父母は子育てのパートナー

祖父母から知恵や礼儀を学ぶ

２０１５年に文部科学省が、小学6年生と中学3年生を対象に「全国学力テスト」を行いました。その結果、最も正答率が高かったのは秋田県、2位は福井県、3位は石川県、その後は富山県、青森県と日本海側の県が上位を占めました。

上位の県には共通点があります。それは、「三世代同居の家庭が多い」ということ。これにはふたつの理由があると考えています。

まずひとつめは、孫と一緒に作業をするなどで、祖父母が昔からの知恵を授ける機会があった、ということ。

そしてふたつめの理由は「家庭内の言葉」にあると、私は考えています。

日本語の特徴であり、難しさの一端に「敬語」があります。外国人が日本語を勉強するときにまずつまづくのが敬語だといいますが、日本人でさえも敬語をきちんと使いこなせない人が多いのが現実です。「敬語」を使いこなすには、そのベースとして「目上の人を敬い、立てる」という心情を理解することが欠かせません。

これらを核家族で身につけようと思ったら、「勉強」するしかありません。しかし、**祖父母と同居していれば、「敬語」も「日本独特の伝統文化」もごく自然なものとして、幼い頃から身についていきます。**親やまわりの大人が年輩の人に接する姿を見て、子どもは礼儀を学んでいくのです。

これは日本語の特徴である、地位や立場を踏まえた敬語を理解することになり、日本社会で生きていく上で大切な力となります。また、それが基本となる「国語力」も伸ばしてくれるのです。もちろんこれは、「祖父母に対して家族全員が敬語、もしくは丁寧な言葉で話す」という習慣があってこそ得られる教育効果です。

「家族の行事」で子どもを豊かに育てる

季節ごとの思い出をつくる

日本には四季折々の行事があります。春には節分、ひな祭り、初夏には端午の節句、夏には七夕、といった具合です。最近はこれにバレンタインやハロウィン、クリスマスなども加わるようになりました。

これらの行事には、それぞれに特有の「料理」「飾り付け」「儀式」があります。たとえば、ひな祭りにはひな人形を飾り、ちらし寿司にはまぐりの吸い物、白酒をいただきます。端午の節句にはこいのぼりや五月人形を飾り、菖蒲湯などを楽しみます。これらにはそれぞれにいわれがあり、意味があります。こういった季節の行事をきちんと行うことは、日本の伝統や文化を大切にすると同時に、家族皆で季節ごとの楽しみを共有することにつながります。

子どもの頃に親と一緒に豆まきをした、ひなあられを食べたという思い出は、「自分は幸せな家庭に育った」「家族に大切にされていた」という記憶につながります。そして、こうした記憶が多い子どもほど、より深く幸福を感じ、反抗期に入っても深刻な問題行動に発展するような反発をしない傾向があります。

こうした**幸福な記憶をつくってあげることは、親にしかできません。**できる範囲でいいので、季節の行事を家族皆で楽しみましょう。

また近所の人から見て、季節の行事をやっていると、「あの家はきちんとしている」という印象を与え、近隣から信頼感を得ることにつながります。それが子どもに「自分もきちんとした振る舞いをしなければならない」という自制心や協調性を育むのです。

季節の行事を楽しむことは、幸せな思い出をつくるとともに、地域とのつながりを育み、子どもに社会性を教える、教育効果の高い習慣なのです。

家族旅行の教育的な効果

◯家族旅行は計画の立て方で決まる

盆や暮れの長期休暇に、家族で旅行に行くことを恒例行事にしている家庭は多いでしょう。このとき、わざわざ人が大勢集まるレジャースポットに遊びに行くのはいかがなものでしょう。

「今、まさに旬の場所に行ってきた」という満足感は得られるかもしれませんが、おそらく残る思い出は「すごい人だった」「行列に疲れた」というだけ、それが現実ではないでしょうか。せっかくの家族の思い出なのに、そうした時間の過ごし方はあまりにもったいないということに気づいてほしいのです。

家族のレクリエーションに必要なのは「家族全員で計画を立てる」ことです。

親が「ここに行こう」と主導するのではなく、子どもたちにも意見を言わせる。そうすることで、子どもの自己主張する力を伸ばせます。もし子どもたちが「テレビで見たレジャー施設に行きたい」と言ってきたら、「それもいいけど、この間キャンプしたいって言ってたよね」とか、「この時期のレジャー施設はものすごく混むから、人混みで疲れるだけよ」などと言ってうまく誘導するといいでしょう。

そして、家族で計画を立てるときには、地図を使うことが重要です。たとえば「コテージに泊まって釣りをしよう」という計画があり、場所も決まっていたとしても、子どもの前に地図を出し、しっかりと位置を示すのです。これは子どもの好奇心をかき立てるだけでなく、大きな教育効果があります。

そして川の説明をするときに「この川の源泉はどこか（どの山から流れている川か）」を地図上で辿って見せたり、キャンプ場がどんな場所か（川のそばなのか、山のふもとなのか、海の近くなのか）を教えるのもいいでしょう。

ほかの街に行くときでも、地図を見せて目的地を示すとともに、自分たちが住んでいる場所から目的地まで、どういうルートを辿るのかを説明するのも、子どもの好奇心を刺激します。

長期休暇明けに「どこに行ってきた?」と聞くと、「海!」とか「川!」としか答えられない子どもがいる中で、「西伊豆の土肥に行ってきた」など、具体的な地名で答える子どももいます。

こういうとき、親がどういうふうに子どもと接し、どういうふうに教育しているかがよく見えてきます。もちろん、苦もなく勉強ができるようになるのは、具体的な地名で旅行先を答えることができる子どもです。

◎美しい体験をさせる

家族旅行の行き先を考えるとき、ぜひアタマに入れておいていただきたいことがあります。それは、**「旅行とは、日常ではできないことをするもの」ということを意識して、**

行き先を選ぶことです。

たとえば都会で暮らしているなら、自然の中で休暇を過ごすこと。たったこれだけで、日常ではできない経験が山ほど味わえます。特に子どもが小学生くらいまでの間は、こうした非日常体験をどれだけ積ませるかが、その後の人生を決めるといっても過言ではありません。

高級ホテルでのんびりと過ごす、一流の旅館で上級のもてなしを受けるという非日常体験もあるかもしれませんが、子どもにはあまり響きません。最初は驚くかもしれませんが、すぐに飽きて退屈になってしまう、それが子どもです。

そうではなく、都会では触れることのできない草花に触れたり、裸足で川に入ったり、大きな石の上をよじ登ったりと、**五感のすべてを刺激し、体全体を使うような体験をするほうが、子どもにとってかけがえのない思い出となる**のです。

旅行先を選ぶときは、あらかじめ「ここでどんなことができるのか」「ここで何に触れられるか」「どんな新しい体験をさせてやれるか」という視点を持つと、よりよい家族旅行を計画することができます。

そして、子どもの心を刺激する体験のひとつに、「美しいものを見る」ことが挙げられます。

きれいな夕焼けを見る、雄大な山を眺める、広々とした海を見つめる、そうした「美しい」と感じるものを多く見せることは、とても大切です。それは、大きな風景だけに限りません。田んぼのあぜ道に咲いていた一輪の花の美しさを見つけることも、都会で暮らす子どもにとっては貴重な体験であり、家族と過ごした休暇のよい思い出になるでしょう。

こうした体験をするとき、できれば家族が揃っている状態だとよりよいことは言うまでもありません。「家族で旅行に出かけ、皆できれいな夕日を眺めた」という記憶がある子どもは幸福です。

家族旅行は「年に数回のレクリエーション」という意味だけでなく、「子どもに豊かな経験を積ませるための貴重な機会」と捉えましょう。計画するときからさまざまな会話を交わし、家族皆で楽しめば、子どもの心に一生残る幸せを与えられます。

第6章

「主体性のある子ども」が勝てる理由

高偏差値、高学歴は時代遅れ

成績のよさが成功の条件にはならない

ここまで「子どもを伸ばすために家庭でできること」を話してきました。それはすべて、「アタマのいい子どもにする」ことにつながります。

「アタマのいい人」「エリート」という言葉から思い浮かぶ人物像、それは「とてつもなく勉強ができる」「偏差値が高く、学業の成績がトップレベル」「知識が豊富」「旧帝大出身者」ではないでしょうか。それは「思い浮かぶ」どころか、アタマのいい人・エリートの条件であり、この条件を満たすことが、一流企業や官公庁に所属し、トップに上り詰めるためのパスポート。それが日本の定説でした。

そのため、社会で成功を収めるには、とにかくこれらの条件を手に入れる必要がある、この条件を欠いては「成功」への道に立つことさえできないと、多くの人が信じていました。

そして、これらの条件を手にすることができた成功者は、自分のような成功を手に入れるため、そして成功することができなかった人は、同じ苦労をしてほしくないため、高学歴という武器を持たせるべく、子どもに猛勉強を強いました。その結果生まれたのが、小学生の頃から塾に通い、猛勉強の末に中高一貫校に入学し、さらに一流といわれる大学を目指して猛勉強し、晴れてトップと言われる大学に入る、「エリート」の子どもたちです。

しかし、その結果どうなったでしょうか。**幼い頃から遊ぶ時間を奪われ、「いい学校に入れば幸せな人生が送れる」と親に言われ、勉強に明け暮れてきた子どもたち**が、その後幸せになったかと問われれば、そうは言い切れないのが現状です。

このところ、高偏差値・高学歴のエリートの多くが、社会的に成功とはいえない状態になっているのをご存知でしょうか。彼らは、本来たっぷりと遊ぶべきだった子ども時代を勉強で終わらせてしまった結果、好奇心が乏しく、「何かを思いつく」ということが苦手です。無理もありません。彼らの目的は「猛勉強して、いい成績をとって、入学試験に合格して、一流大学の学生になること」でした。

懸命な努力の末にその目的が果たせたとしても、大学に入ってから何を学びたいか、どんな研究をしたいかなど、肝心なことが抜けているのです。

そして社会人になっても、その主体性のなさはなかなか変わりません。自慢は高学歴と高偏差値のみで、新しいビジネスを思いつくどころか、効率よく仕事を進める方法や、周囲の人と協調して仕事をすることもできない……こうした「使えないエリート」が増えているのです。

詰め込み学習で子どもが壊れる

現在、子育て中の親世代は、学生の頃に「丸暗記学習」をした記憶があるでしょう。

徹夜してひたすら英単語を覚えたり、日本史の年号を語呂合わせで覚えたなど、「勉強とは暗記のことで、できるだけ多くのことをアタマに詰め込んだ者が受験に勝つ」という風潮を肌で感じていたかもしれません。そして、それを我が子にも当てはめ、自分たちが中高生のときに実践していた丸暗記学習を小学生のうちからやらせているというケースも多く見られます。

そういうことを幼い頃からやらせていると、子どもはガミガミ言わなくても「自主的に」勉強するようになるかもしれません。しかし、その結果生まれるのが、**創造性がなく、自分で考えることもないけれど、プライドばかり高くてお荷物社員になる可能性が高い大人**です。さらに悲惨なのが、詰め込み学習で必死に努力したけれど、志望校に合格しなかった場合です。創造性も自分で考えることもないのに加え、周囲が認めてくれるような学歴も学力もないとしたら、その人生はどれほど悲惨なものになるか、親は一度じっくり考えてほしいと思います。

これからの時代を生き抜くのに必要な力

◎アクティブ・ラーニングが日本の教育を変える

これからの時代、子どもをどのように学ばせ、どのような力をつけさせればよいか。それは子どもを持つ親だけでなく、社会にとっても大切なテーマです。少し堅苦しい話になりますが、すべての親に考えていただきたく、取り上げることにしました。

子どもたちが何を、どのように学ぶかを決める、文部科学省の学習指導要領の改訂が検討されています。２０１６年中に答申がまとまり、新しい教科書が発行され、小学校は2020年度、中学校は2021年度、高校は2022年度の新入生から順次、全面的な実施に入る予定です。

今回、大きな注目を集めているのは、**学校教育の重点を「何を教えるか」から「何ができるようになるか」に転換する**ことです。基礎・基本となる学力を軽視しているのではありませんが、それだけでは社会で生きて働く力がつかないという危機感が、今回の大きな転換のベースになっているようです。

そこで導入が検討されているのが、「アクティブ・ラーニング（能動的学習）」です。簡単に説明すれば、**「自分で考え、自分で学び、周囲の人と力を合わせて成果を導く」**ということ。教師から与えられた課題に取り組み、試験前になって知識を丸暗記するという勉強法ではなく、生徒ひとりひとりが主体的に、そして協働的に学ぶ学習のことです。それにより知識や技能の定着、学習への意欲の向上を図ろうとするのが狙いです。

コンピュータが人を超える時代

このように、教育方針が大きく変わる背景には、世界で日本の競争力が落ちていることに加え、テクノロジーの進化があります。

今、日々の暮らしはコンピュータ抜きに語れなくなってきました。エアコンは人の気配を察知して風を送る角度を変えてくれるし、冷蔵庫は食材の賞味期限を教えてくれます。チェスでは人間がコンピュータに勝てなくなり、難関と言われた将棋でも、プロ棋士がコンピュータに勝てなくなるのは時間の問題と言われています。

このように日進月歩でテクノロジーが進む中、２０４５年にはＡＩ（人工知能）が人間の知能を超えると言われています。

そうした時代が訪れたとき、人が丸暗記で得た知識の量など、コンピュータの前であっけなく負けてしまうのは確実です。こうなったとき、人間に求められるのは「より優秀な人工知能をつくる力」、そして「人工知能にはない力」ではないでしょうか。

このふたつを同時に叶えるのが、**「主体的に学び、考えること」「周囲の人たちと力を**

合わせて取り組み、新しいものを思いつき、創造すること」なのです。

偏差値を上げることを目的とした勉強や、ひたすら知識を詰め込むだけの丸暗記学習は時代遅れとなりました。つまり、「もっと勉強しなさい！」と子どもを追い立てて長時間机に向かわせ、家のあちこちに「暗記するべきこと」を書いて貼りつけ、何も言わなくても「自主的に」机に向かって丸暗記学習をするようになった子どもに喜ぶ親も、時代遅れなのです。

遊びや本を通してより多くのことを体験し、自分の中から「これはどういうこと？」「このことをもっと知りたい」が生まれてくる子ども、「こうしたら、もっとおもしろくなる！」を思いつくことができる子ども、「これとこれを組み合わせたら、今までにないものになる！」と新しいものを生み出すことのできる子どもが、これからの時代を生き抜くことができるのだと、私は確信しています。

主体性があって初めて、「幸福」がつかめる

主体的に生きるという幸せ

２０１５年、大村智北里大学特別名誉教授がノーベル生理学・医学賞を受賞し、一躍時の人となりました。とりわけ注目を集めたのは、大村氏がいわゆるエリートの経歴の持ち主ではなかったことです。大村氏は農家の長男として生まれ、高校入学まで特別な勉強はせず、家の手伝いをしていました。高校に入ってからはスキー部と卓球部で主将を務めるほどスポーツに熱中し、地元の山梨大学を卒業した後は定時制高校の教師を務めました。その中で、働きながら学ぶ生徒の姿に打たれ、もう一度学び直したいと大学

に入り直し、働きながら微生物の研究に没頭したのです。そして天然有機化合物の探索研究を続け、480種もの新規化合物を発見し、ノーベル賞受賞に至ったのはご存知の通りです。

それだけでなく、自分の発見で特許を取得し、その利益を北里研究所の構造改革や人材育成につぎ込み、赤字だらけの研究所を黒字施設に回復するなど、大村氏はすぐれた経営センスを発揮しました。さらに女子美術大学理事長を務め、私費を投じて女子美大生の留学資金などを支援したり、美術館を設立するなど、美術への造詣の深さでも知られています。

自分の好きなものを見つけ、寝食を忘れるほど熱中し、素晴らしい結果を出す一方で、人生を楽しみ、周囲の人たちをサポートする。大村氏のそんな生き方は、多くの人を感動させせました。

大村氏の半生は、まさに「主体的な人生」です。

今、「本当にやりたいこと」をやっている人は、どのくらいいるでしょう。多くの人は、意に沿わないことを「仕事だから」「学生だから」といって、半ば義務的にこなしているのではないでしょうか。最初のうちは、上司や教師に言われ、しぶしぶとやっていたことでも、日々繰り返して言うと、何も考えずに自分からやるようになります。その受動的な姿勢はまるで、プログラミングされて自動的に動く機械のように見えるかもしれません。

そういった従順さを守ることで、毎月決まった給料を得られるかもしれませんが、その安定はあと何年続くのでしょうか。もしかしたら２０４５年が来る前に、コンピュータに仕事を奪われてしまうかもしれません。

それが、幸せな人生といえるのでしょうか。

親が主体的になって子どもを導く

子どもには未来があります。どの親も、輝かしい未来を夢見て、我が子を育てているのではないでしょうか。

だとしたら、できるだけ多くの体験をさせることです。見るもの、聞くもの、触れるもの、あらゆるもので「初めて」を増やすことです。

受験する年齢が下がり、少しでも早く勉強させようと焦る気持ちがあるかもしれません。しかし、その前にやらせておくことがたくさんあります。

まずはたっぷりと遊ばせること。

勉強は機が熟せば自ら「主体的」に始めるようになります。

そして**常に見守り、子どもが伸びる環境を準備すること。**

子どもが幸せになるために親がやるべきこととして、このふたつがとても重要です。

マスメディアやSNS、そしてママ友の口コミなど、さまざまな情報が飛び交う世の中です。その中には「0歳児から英語教育を」「3年生になったら進学塾に行くべき」「身のまわりのことはすべて親がやり、子どもは勉強以外しなくてよい」など、極端なものや、有益どころか有害なものさえ混ざっています。そうしたものに惑わされず、情報を取捨選択し、我が子をよく観察する。より親自身が「主体的」になって、子どもを導いていただきたいと、心から願っております。

あとがき

まず、ご一読に感謝いたします。

以後、あとがきに代えて、記します。


今春のことです。関西のクライアントさんのひとりから、お子さんが受験した国立大学付属の中高一貫校に2校とも合格したという嬉しい知らせが届きました。

これは実に奇跡的なことでした。なぜかと言えば、この子はいわゆる「進学塾」に一切通わなかったからです。

そもそも私の本の愛読者であるこのクライアントさんは、はじめはメールで相談のやり取りをするうち、なんと泊まりがけで教育環境設定をしに来てほしいと言われました。

関西方面には音読講演に行っていたので、何度かお邪魔することになりました。

その家は、子どもたちを育てるために建てられた構造のもので、それぞれの個室のほかにリビングにも空きスペースがあり、子どもが十分活動できるといった条件が整っていました。しかも、庭には小さな野菜畑があり、実をつけた蜜柑の木もありました。裏に回ると水槽が並んでいて、そこにはメダカやエビなどの小さな生き物が飼われていました。

「休みの日には焚き火かフィールドワーク。リビングにはテレビを置かず、ふんだんに本を与えて親もよく読む姿を見せる。芸術表現活動は欠かさない。ピアノも絵も工芸も続ける。従来型の受験勉強をするのではなく、新しい文科省の改革方向性に沿って、自分で考えて自分で表現できるようになることを目指し、中高一貫公立校しか受験しない。勉強は作文以外は親が面倒を見て自分でさせる」

私がこう助言した通りにした結果が、この合格でした。

2校とも合格したのだから、この助言とこの家の教育環境設定が正しかったと言ってよいと思います。

月に2回は焚き火、連休は興味を持った地域へ泊まりがけでフィールドワークを兼ねた旅行。それもテント持参。あとは読書三昧、作文三昧、パズル、キャロム、スポーツ、芸術を楽しむ。

そんな生活はほかから見たら「遊んでいる」としか見えなかったかもしれません。

私は、下の子どもたちに人気で、寝るときは両側を挟まれて寝たものでした。泊まるときには毎回焚き火の機会が設けられ、一緒に火を囲み、そして音読法と作文法と国語記述解答法を指導しました。

そして、この子は塾に通わず秋頃から自分で受験勉強して、しかも受験直前の正月には家族でスキーに行き、合格もスキー場で知ったといいます。

実は、そもそもこの相談のきっかけは、自己表現が苦手な下のお子さんの問題だったのですが、この子も教育環境設定で状況がよくなり、楽器を習い始めるようになって安定しました。もちろん、学校の勉強もバッチリです。

子どもにやたらと中学受験の勉強をさせるより、子どもが伸びるよりよい教育環境を設定するほうが有効であることを、この家庭が示してくれたことをお伝えして、あとがきに代えたいと思います。

最後にもう一度、皆様のご一読に感謝いたします。

本の製作にあたっては、リベラル社編集部と堀田康子氏の大きなご協力を得ました。合わせて感謝したいと思います。

二〇一六年　三月

松永暢史

松永暢史（まつなが のぶふみ）

1957年、東京都生まれ。慶應義塾大学文学部哲学科卒。教育環境設定コンサルタント。「受験のプロ」として音読法、作文法、サイコロ学習法、短期英語学習法など、さまざまなメソッドを開発している。教育や学習の悩みに答える教育相談事務所 V-net（ブイネット）を主宰。

V-net 教育相談事務所　〒167-0042 東京都杉並区西荻北２丁目 2-5 平野ビル３階
TEL：03-5382-8688　http://www.vnet-consul.com

取材・編集　堀田康子
イラスト　ひらのゆきこ
装丁デザイン　宮下ヨシヲ（サイフォン グラフィカ）
本文デザイン　渡辺靖子（リベラル社）
編集人　伊藤光恵（リベラル社）
営業　青木ちはる（リベラル社）

編集部　堀友香・山田吉之・山中裕加
営業部　津村卓・津田滋春・廣田修・榎正樹・澤順二・大野勝司
取材協力（P146～177）　松永真希子（社会福祉法人 永美福祉会 唐臼保育園 園長）

※本書は 2016年に小社より発刊した『賢い子どもは「家」が違う！』を文庫化したものです

賢い子どもは「家」が違う！

2019年7月26日　初版

著　者　松永 暢史
発行者　隅田 直樹
発行所　株式会社 リベラル社
〒460-0008　名古屋市中区栄3-7-9　新鏡栄ビル8F
TEL 052-261-9101　FAX 052-261-9134　http://liberalsya.com
発　売　株式会社 星雲社
〒112-0005　東京都文京区水道1-3-30
TEL 03-3868-3275

©Nobufumi Matsunaga 2019 Printed in Japan　ISBN978-4-434-26195-4
落丁・乱丁本は送料弊社負担にてお取り替え致します。